民国笔记小说粹编编委会

民国笔记小说粹编

异辞录

刘体仁 著

山西出版传媒集团·三晋出版社

图书在版编目(CIP)数据

异辞录 / （清）刘体仁著. —太原:三晋出版社，2022.5

（民国笔记小说粹编）

ISBN 978-7-5457-2486-8

Ⅰ. ①异… Ⅱ. ①刘… Ⅲ. ①笔记小说—小说集—中国—清后期 Ⅳ. ① I242.1

中国版本图书馆CIP数据核字(2022)第083268号

异辞录

著　　者: 刘体仁
责任编辑: 解　瑞
责任印制: 李佳音
封面设计: 段宇杰

出 版 者: 山西出版传媒集团·三晋出版社
地　　址: 太原市建设南路21号
电　　话: 0351-4956036(总编室)
0351-4922203(印制部)
网　　址: http://www.sjcbs.cn

经 销 者: 新华书店
承 印 者: 山西人民印刷有限责任公司

开　　本: 850mm×1168mm　1/32
印　　张: 9.25
字　　数: 185千字
版　　次: 2022年6月　第1版
印　　次: 2022年6月　第1次印刷
书　　号: ISBN 978-7-5457-2486-8
定　　价: 42.00元

如有印装质量问题,请与本社发行部联系　电话:0351-4922268

总　序

黄　霖

承蒙三晋出版社的错爱，我遵嘱为他们在《民国笔记小说大观》的基础上再做的选粹本作了这个序。说实话，当时我一听这个书名就感到有点头疼，因为自从 1912 年王文濡推出《笔记小说大观》以来，究竟如何认识“笔记小说”这个名目可以说是众说纷纭，非三言两语能够说清，再加上手头的事情实在太多，不想去算这笔糊涂账了。但后来一想，近年来我正从研究近代文论的圈子里跨出来，在关注现代的“旧体”文学与文论，“笔记小说”这个名目作为一种文类或文体亮相并引发了争议，也正是从近现代开始的，因此也不妨乘此机会来梳理一下吧。

显然，要辨说“笔记小说”，首先要将“笔记”与“小说”这两个概念简要地说一说。好在古代对这两个概念，大家的认识本来就大致相近。

假如从《庄子·外物》《论语·子张》《荀子·正名》分别所说的“小说”“小道”“小家珍说”算起，“小说”之名是出现得比较早的。到汉代桓谭《新论》所提的“小说”就与 20 世纪前一般学者所认识的“小说”比较一致了。它指出其特点是“丛残小语，近取譬论，以作短书”。尽管“小说”于“治身理家，有可观之辞”，但据《论衡·谢短篇》等篇的解释，这类“短书”，写的都是“小道”，“非儒者之贵也”。到《汉书·艺文志》就明确在史志目录中将“小说”归为一类，并列出了具体的书名，从中可见，“小说”中既有“史官记事”之作，也有“迂诞依托”之书，另有阐发哲理的议论、风俗逸闻的记载，等等，内容庞杂，范围广泛。以此可见，“小说”这个概念的出现，先是从内容着眼，强调它写的是有别于经传“大道”之外的杂七杂八的“小道”，与此相适应的是在形式上都是“丛残小语”。简言之，所谓“小说”，就是并非正面、集中阐述“大道”的杂、碎文字。

至于“笔记”之名，当后起于文笔相分的六朝。刘勰《文心雕龙·总术》云：“今之常言，有文有笔，以为无韵者笔也，有韵者文也。”笔记，当属用无韵之笔随记而成的、有别于经年累月、深思熟虑写就的杂、碎文字。当时之所以起用“笔记”之名，主要是从写作的方式与形式的角度上来考虑的。一时使用这个概念者也较多，如刘勰在《文心雕龙·才略》中明确地提出了有“笔记”之作：“路粹、杨修，颇怀笔记之工”，“温太真之笔记，循理而清通，亦笔端之良工也”。差不多同时的萧子显在《南齐书》卷五十二《文学·丘巨源传》中也提到了“笔记”之名。到宋代就有了以“笔记”为名的书籍，如宋祁的《宋景文公笔记》、苏轼的《仇池笔记》等等，久盛不衰。假如也用一语而言之，则所谓“笔记”，就是随笔而记的无韵杂、碎文字。

于此可见，“小说”与“笔记”之别，主要是在起用这两个概念时的着眼点、出发点不同，一是从内容出发，一是从写作的方式出发，在20世纪以前的文献学意义上，它们的实际内涵与外延应该是大致相同的，所谓“笔记”或“小说”，都是指经(正)史之外的，包括各类内容与多种形式的零简短章。它们一般都用的是文言，所以到现代，有人在“小说”之前加了“笔记”，用来与“白话小说”相区别；它们一般成集，但也有单篇或零星几章的，特别是在报刊兴起之后，单篇之作也很多。正因为“小说”与“笔记”两个名目，有异有同，古人又似未见对此有所辨析，只是在各自的著作中自做不同的分类或赋予不同的名目，于是就分分合合，弄得缠夹不清了。

不过，据我粗略的检视，在20世纪以前的漫长历史中，文人墨客或用“小说”之名，或称“笔记”之作，绝大多数并没有将这两个名称合在一起，没有把“笔记小说”或“小说笔记”作为一个文体或文类的名称来使用的。偶尔有之，也是为了文气的连贯而将两者作为相近文体或文类而并列在一起而已。假如当时有标点符号的话，应该是写成“笔记、小说”更为确切，只是当时没有标点符号，就将两者并写在一起了，如宋代史绳祖在《学斋占毕》卷二“薐薐二物”条中说：“前辈笔记小说固有字误，或刊本之误，因而后生末学不稽考本出处，承袭谬误甚多。”[①]再如清代王杰所编的《钦定重刻淳化阁帖释文》中有一文写道，“各有专书以纠其失，其他见于古今诗、文及说部、笔记者指摘不胜枚举”。[②] 这里的诗与文、说部与笔记之间都是应该加顿号的，它们都是并称的。再如江藩在说钱大昕治元史时说：“搜罗元人诗文集、小说笔记、金石碑版，重修元史，后恐有违功令，改为《元诗纪事》。”[③]其“小说笔记”也只能看作是性质相近的两类文字并写在一起，也并没有将“小说笔记”四字合在一起看作是一个文体或文类。

时代跨进了20世纪，在新的文学思潮影响下，1902年梁启超在正式发行中国第一本小说杂志《新小说》之前两个月，在《新民丛报》第十四号上发了一篇《中国惟一之文学报〈新小说〉》，对将要发行的《新小说》的宗旨、形式、内容、发行等问题做了介绍，特别详细地对将要发表的各类小说做了分类说明，指出有历史小说、政治小说、哲理科学小说、军事小说、冒险小说、探侦小说、写情小说、语怪小说等不同，这些显然都是从内容上分类的。接下来就从形式上、或者说从文体上指出还有“札记体小说”与“传奇体小说”。在这里，“札记”与“笔记”义同。他特别在“札记”与“小说”之间加了一个“体”字，意义非

---

① 史绳祖《学斋占毕》卷二，文渊阁四库全书本。

② 王杰等辑《钦定石渠宝笈续编》卷二十三，清乾隆末年内府朱丝栏抄嘉庆增补本。

③ 江藩《国朝汉学师承记》卷三，清嘉庆十七年刻本。

凡。这表明在新潮的西方文学观念影响下，他所认识的“小说”已不再是传统的不论在内容上还是形式上都是包罗万象、混沌模糊的一个概念，而是开始将“小说”看作“文学”中的一种自具特色的文体，而“笔记”也只是一种特殊的表现形式与手段。正是在转变了小说观念之后，他在“笔记”与“小说”之间加了一个“体”字，以示这类小说是“笔记”类文体或形式的小说。后在《新小说》正式发行时，他又将“札记体小说”略称为“札记小说”。这种“札记小说”的代表作就是“随意杂录”的“《聊斋》《阅微草堂》之类”。这也就是说，“札记小说”乃是一种用随意笔记的形式写就的如《聊斋志异》《阅微草堂笔记》一类的有故事、有人物，乃至有虚构的文字，也就是“札记体小说”。现在看来，梁启超在新潮的纯文学观念影响下，他心中的“小说”已不同于桓谭、班固到刘知几、胡应麟及四库馆臣笔下的“小说”了。他已将“小说”作为“文学”中的一种独立的文体，不再与“笔记”混同一体，而认为古代作品中“笔记”与“小说”这两者的关系，只能是“笔记体小说”或“小说体笔记”，因而在他主编的《新小说》中发表诸如《啸天庐拾异》《反聊斋》《知新室新译丛》等作品时所标的“札记小说”四个字的含义，实际上已经与古人所用的“笔记小说”之义大相径庭，赋予了“笔记体(类)小说”的新意。这是一次历史性的跨越。自此之后，“札记小说”或“笔记小说”四字的含义，就不再只是“笔记与小说”或者是“笔记加小说”一解，而是另有了一种新义了。而且在这里也清楚地告诉了人们,“笔记”与“小说”两者是不能相混的:在“笔记”中有一类是“小说”,还有许多并不是小说;在小说中有一类是“笔记体”,还有很多是非笔记体的;所谓“札记体小说”或“札记小说”,就是用笔记的手法写成的小说,或者说是归于“笔记”类中的“小说”。

梁启超的看法立即产生了影响。继《新小说》之后,不久发行的一些小说杂志,如《竞立社小说月报》《月月小说》,乃至如以学术为主的《东方杂志》之类也都在这样理解“札记小说”四字的基础上安排了这一专栏,发表了一系列的“笔记体(类)小说”。同时,商务印书馆出版的规模宏大的“说部丛书”,也据梁氏的分类标准,在每一部的封面上大都醒目地标明了是属于某类小说,如政治小说、军事小说等等,其中也有《海外拾遗》《罗刹因果录》等标明是“笔记小说”。此二书,都是分八则,写了各色人等的故事。这里的“笔记”与“小说”之间虽无一个“体”字,但实际就是“笔记体(类)小说”的意思,都是用随笔的形式写成的有故事、有人物、有虚构的作品。乃至在1929年4月2日的《新闻报》的广告栏中刊载大华书店发售的小说,也标明了不同的分类,除了从内容上区别“武侠小说类”“香艳小说类”及新与旧的不同外,另就形式而言也有“笔记小说类”。显然,这个“笔记小说类”也就是“笔记中的小说”或“小说类的笔记”,与梁启超的认识是一脉相承的。

但到民国年间出现了新问题,好编丛书的王文濡,接连编印了《古今说部丛书》《笔记小说大观》《说库》等将传统笔记与小说混在一起的丛书。其用“说部丛书”“说库”之名当无问题，而其于1912年用进步书局之名出版的《笔记小说大观》一书，共分八辑，收220余种作品，体量极大，尽管其书的《凡例》称“所选趋重小说”，但同时又说，“然关于讨论经史异义，阐发诗文要旨”等“古人笔记中往往有之”之作品也不忍“割爱”。且开宗明义第一条就说：“本编纂辑历代笔记，起六朝，迄民国，巨人伟作，收罗殆遍。”其书在报纸上刊载的“预约广告”也说：“《笔记小说大观》，系集汉魏以来笔记二百余种之汇刊，都五百余册。”①都是将“笔记”覆盖了“小说”。可见王文濡心目中还是将“小说”与“笔记”混在一起的。这样一来，同样“笔记小说”四字，自古至今出现了三种理解：一种是古代个别学者将“笔记”与“小说”并称而合在一起；另一种是如梁启超们将“笔记”中可称“小说”的一类称之为“札记体小说”或略称为“札记小说”；再者就是王文濡将“笔记”与“小说”混为一类的“笔记小说”。

由于当时的小说界普遍接受了新潮的小说观，而对古人曾经有过的零星将“笔记”与“小说”并称的情况没有注意，所以一见王文濡将“笔记”与“小说”混为一类就多有不满，如在当时文坛上比较活跃的姚赓夔就撰文说：

---

① 《新闻报》《民国日报》1928年6月19日同载。

“笔记小说”四字，最不可解。笔记自笔记，小说自小说，岂可相混？笔记而名之以小说，是何异画蛇而添足乎？[①]

署名玉衡者也发文说：

笔记与短篇小说，体裁既异，结构亦不自同。而今之作者，往往互相混淆，是无异于孙周之兄不能辨菽麦。[②]

《海上繁华梦》作者漱石生也说：

笔记有笔记体裁，小说有小说绳墨，二者绝不相混也。[③]

与此同时，小说界开始注意辨析“笔记”与“小说”的异同。如《申报》1921 年 3 月 20 日载《笔记与小说之区别》，列举了九条，如云：“笔记须有记载之价值，次之趣味；小说须有百读不厌之精神，次之勿使阅者意懈，目不终篇。”“笔记重实叙，故曰记；小说可虚绘，故曰说。”“笔

① 《小说杂谈》，《星期》1922 年第 29 期。
② 《小说管窥》，《星期》1923 年 7 月 29 日。
③ 《余之古今小说观》，《新月》1925 年 11 月 1 日。

记叙人物、地址皆有名，示翔实焉；小说多以'某'代之，或并某字而无之，如'生''女'皆成名称，不妨虚衬也。"为了避免将"笔记"与"小说"混淆，一些学者重拾梁启超的旧话，用"笔记体的小说"①"笔记式的小说"②或"笔记的小说"③等提法来取代容易混淆的"笔记小说"。应该说，假如大家都遵循这样的提法的话，后世就不会产生歧义了。

但问题比较麻烦的是，实际上从梁启超始，既创用"札记体小说"之名，又将之略称为"札记小说"，自乱了阵脚。现经《笔记小说大观》热炒畅销之后，特别经过一些"笔记+小说"类的"笔记小说"选本与丛书的不断亮相（选本与丛书中也有一些是只收"小说"的或只称"笔记"的），还是有相当一部分人将"笔记小说"看成是"笔记+小说"的。"笔记小说"一个名目、两种理解状况就始终存在着。

更使人缠夹不清的是，尽管自20世纪二三十年代后，大多数小说史家与文学史家笔下的"笔记小说"的实际含义已是"笔记类小说"，但他们还是乐此不疲地沿用"笔记小说"来论文与著史。最典型的如郑振铎先生，他在1930年写的专论小说分类的《中国小说的分类及其演化的趋

---

① 叶楚伧《中国小说谈》，《民国日报》1923年7月24日。

② 赵芝岩《小说闲话》，《半月》第3卷第14号。

③ 周群玉《白话文学史大纲》，上海群学社1928年版，第123页。

势》长文中，一方面指责《笔记小说大观》收之太滥，强调“笔记小说”丛书应当编成“故事集”，另一方面还是沿用“笔记小说”之名。他说：

> 第一类是所谓“笔记小说”。这个笔记小说的名称，系指《搜神记》（干宝）、《续齐谐记》（吴均）、《博异志》（谷神子）以至《阅微草堂笔记》（纪昀）一类比较具有多量的琐杂的或神异的“故事”总集而言；范围固不能过于狭小，内容的审查，固不能过于严格，然也不能如前之滥，将一切“杂事”“异闻”“琐语”都包括了进去，有如近日出版的通俗本的“笔记小说大观”。我们应该将他们限于“故事集”的一个标准之下，或至少须是具有大多数的故事的。所谓“琐语”之类的东西，像《计然万物录》（编者注：托名计然著，东汉时成书，原书佚，清茆泮林辑）、《博物记》（汉唐蒙）、《博物志》（晋张华）、《清异录》（宋陶谷）、《杂纂》（唐李商隐）、《幽梦影》（清张潮）、《板桥杂记》（清余怀）；所谓“异闻”之类中的《山海经》《海内十洲记》《神异经》；所谓“杂事”之类中的《摭言》（唐王定保）、《云溪友议》（唐范摅）、《北梦琐言》（宋孙光宪）、《归田录》（宋欧阳修）、《侯鲭录》（宋赵德麟）等

等，都是不能算作“笔记小说”的。[①]

在民国时期另作专论“笔记小说”的是王季思先生。他写的《中国的笔记小说》《中国笔记小说略述》两文内容大致相同。其基本意思也同郑振铎。他说：“就笔记说，凡是纯属学术的讨论与考订的，如《困学纪闻》《日知录》《廿二史札记》《十驾斋养新录》，虽是笔记，却非小说。”除此之外，笔记的“轶事、怪异、诙谐”三类中，不论所写“幻想幻觉”还是“所见所闻”，凡有故事，有人物，“最可见作者及所记人物个性”的，就是“笔记小说”。[②]

民国时期两篇有关“笔记小说”的专论，都是认同用四个字来表达笔记中的小说是一种独立的文体。这样的认知与表达实际上也反映了民国以来绝大多数的文学史、小说史作者的看法。不但如此，以后的文学史、小说史作者大都也是如此，一直到20世纪90年代所出的几本具有代表意义的“笔记小说史”，乃至目前最流行的袁行霈先生主编的《中国文学史》与袁世硕先生主编的《中国文学史》，都是将“笔记小说”理解为“笔记体小说”而不是“笔记与小说”的。苗壮先生的《笔记小说史》定义“笔记小说”时说：“以笔记形式所写的小说，它以简洁的文言、短

---

① 郑振铎《中国小说的分类及其演化的趋势》，《学生杂志》1930年第17卷第1期。

② 王季思《中国的笔记小说》，《战时中学生》1939年第9期；《中国笔记小说略述》，《新学生》1947年第4卷第2期。

小的篇幅记叙人物的故事。”[①]而袁行霈先生主编的《中国文学史》说“笔记小说”是“采用文言，篇幅短小，记叙社会上流传的奇异故事、人物的逸闻轶事或其片言只语”。[②]显然，他们都将“小说”之外的“笔记”排斥在“笔记小说”之外。但是，时至今日，人们在沿用这个歧义的“笔记小说”的名目时，已经很少有人再想起历史上曾经用过的“笔记体小说”“笔记式小说”“笔记类小说”这类比较确切的提法了。

从梁启超到郑振铎、王季思，到当代的文学史、小说史作者们，为什么明明心里想要表达的是“札记体小说”，要将“笔记”与“小说”区别开来，认为混入了不少笔记的《笔记小说大观》收得过滥，而最后还是没有鲜明地表示“笔记自笔记，小说自小说”，还是用了一个容易混淆视听的“笔记小说”呢？我想可能主要是汉字构词的特点所造成的。我们的汉字富有弹性，构词时常常留下了活络的空间。“笔记小说”四字，的确可以包容“笔记与小说”“笔记体小说”“笔记小说这一类小说”这三种不同的理解。谁都可以用这四个字来表达，谁都不能算错。再加上传统写诗作文，用四字构词比较上口，特别如梁启超，在为未出的《新小说》做广告时拈出了“札记体小说”，而当《新

---

① 苗壮《笔记小说史》，浙江古籍出版社 1998 年版，第 4 页。

② 袁行霈主编《中国文学史》第三版，第二卷，高等教育出版社 2014 年版，第 153 页。

小说》正式付印时，考虑与“历史小说”“政治小说”“科学小说”等并称，就略称为“札记小说”。当时在他心目中，肯定觉得这“札记小说”就等于“札记体小说”，殊不知“札记小说”也可理解成不是“札记体小说”的呢！

再看，从《笔记小说大观》问世以来，陆陆续续用“笔记小说”之名出版的一些选本或丛书，其总体数量虽不能与一些史著与研究著作相比，但其混乱的程度却非常突出。当然，其中也有一些选本或丛书用“笔记小说”或“小说笔记”之名来编选作品时，基本上都是选录了一些有小说意味的作品，如1934年江畬经编选的规模不小的《历代小说笔记选》就是一例。1949年后，如2004年天津古籍出版社出版的《唐宋笔记小说释译》就明确说，“所选篇目以故事性、趣味性的轶事为主”。对于“笔记小说”概念的辨析最为清楚的，要数严杰先生在他编选几种“笔记选”时所写的前言中说的：“笔记小说只是笔记中的一大类”；“笔记大致可以分为三类”，“第一类以记载短小故事为主”，“第二类以历史琐闻为主”，“第三类以考据辩证为主”；“把笔记划分为三大类，并确定笔记小说的范围，需要注意的是，其间界限并不是非常清楚的，只能划出大略的轮廓而已。在确认第一类笔记为笔记小说的同时，也应该承认第二、第三类中也存在着相当数量的小说。笔记小说毕竟不能算是有意识创作的产物，其中的文学成分不是很纯净的”；“我们就不便再把唐传奇当作笔记小说看待了，尽管它同笔记小说有着渊源关系”。[①] 但是，毋庸讳言，还有编选者对于“笔记小说”的概念是缠夹不清的。比如，自《笔记小说大观》之后，1978—1987 年台北新兴书局出版的《笔记小说大观丛刊》，1990 年、1994 年先后由周光培编辑出版的《历代笔记小说汇编》（辽沈书社）、《历代笔记小说集成》（河北教育出版社），1999—2007 年上海古籍出版社出版的《历代笔记小说大观》，规模都很庞大，然其所收的没有小说意味的笔记触处可见，显然它们都是受王文濡的影响，将笔记与小说混为一类的。还有的，甚至将传奇、通俗长篇小说都纳入“笔记小说”之内，如有《清代笔记小说类编》一书，其《总序》说：“全书以传奇体小说为入选重点，从清人所作的约一百五十部笔记中选取二百余位作家创作的约一千九百篇作品，按类分编成十卷。”[②]我真不知道他选的究竟是传奇还是笔记。还有的竟然将《岭南逸史》《儒林外史》这样的长篇通俗小说也归入“笔记小说类”。[③] 此外，还有不少人将“笔记小说”与从语言上分类的“文言小说”混为一谈。如江西人民出版社 1984 年出版的《历代笔记小说选》称：“我国古代短篇小说，可分为两种：一是笔记小说，一是话本小说。前

① 严杰《唐五代笔记小说选译前言》，《唐五代笔记小说选译》，巴蜀书社 1990 年版，第 1—6 页。

② 陆林《〈清代笔记小说类编〉总序》，《清代笔记小说类编》，黄山书社 1994 年版，第 3 页。

③ 《新闻报》1929 年 4 月 2 日载大华书局广告。

者是用文言写的，后者是用白话写的。”诸如此类，可见对于“笔记小说”的理解真是五花八门，难怪程毅中、陶敏等先生站在不同的角度上大呼“笔记小说”的提法“于古于今都缺乏科学依据”，[①]“造成了许多混乱”。[②] 的确，这种混乱的局面再也不能继续下去了。

如今，我们要厘清“笔记小说”这个概念，就应该既要尊重历史演变的实际，又要解开一个结。这个结，就是要在正确认识传统的“大文学观”与目录学的基础上，去顺应近现代中西文学交流下的文学观念的通变，接受新的“小说”观，从而重新审视传统的“笔记”与“小说”。我们不能简单地认为接受新的小说观就是“以西律中”，抛弃传统。事实上，中国传统的包括叙事文学观在内的文学观本身也是在不断地发展变化，对于“文学”不同于学术乃至其他所有“文字著于竹帛”者而自具特性的认识也在不断发展与深化。就“小说”而言，对于这一文体的叙事、写人、虚构等特质的认知也是在一步一步地从混沌走向明晰，所以当西方的小说观传入后就能一拍即合，相互融合，形成了一种新的“小说”文体观。20 世纪以来逐步形成的所谓“小说”，乃至“笔记小说”“传奇小说”“话本小说”“章回小说”等名目，都是在立足本土、借镜西方、反复

① 程毅中《略谈笔记小说的含义及范围》，《古籍整理研究学刊》1991 年第 2 期。

② 陶敏、刘再华《“笔记小说”与笔记研究》，《文学遗产》2003 年第 2 期。

讨论的过程中形成的具有中国特色的新概念。这种新的小说文体观的确立与分类的细化，正标志着中华民族文化的进步，也显示了我们民族具有包容与消化世界先进文化的胸怀与能力。实际上，我们对于古代与西方的文化，都应该以一种辩证的、发展的、现实的眼光来看待，站在当代的、中国的、科学的立场上来接受与扬弃。承传中华民族文化的优秀精神，不是要倒退，而是要向前。假如今天不接受百年来形成的新的小说观，再将古今两种小说观搅在一起的话，“笔记”与“小说”的糊涂账将是永远算不清楚的了。

当我们辨明“笔记小说”四字的前世今生，再面对现实的发展态势，我相信将来的发展可能不用学者们过多辩说，事实上会“约定俗成”地形成这样的情况：“笔记小说”四字即表达了“笔记体小说”或“笔记类小说”“笔记式小说”的意思。这已为自梁启超以来的百余年历史所证明，绝大多数小说家及文学史、小说史专家，以及多数“笔记小说”的选本、丛书等出版物，都是将“笔记小说”理解为用笔记体写成的、大致符合现代文体分类中具有“小说”意味的作品。它是“笔记”的，也就是不同于有完整故事的传奇，更不是通俗长篇之作，而是一些随意编录的零简短章；它是含有现代所理解的“小说”意味的，其核心是记事的，或实或虚，或真或幻均可，而不同于传统习用的内容没有边界、相互纠缠不清的“小说”“笔记”“说部”“杂说”等名目了。

至于将“笔记”与“小说”混成一体的、甚至再羼杂“笔记”“小说”之外作品的“笔记小说”观，虽然在一些选本与丛书中偶然还看到，但实际数量是并不多的。而且我们还应该注意到，不少选本与丛书的选家，为了避免混淆“笔记”与“小说”，就干脆只用“笔记”之名而摒弃了因古今理解不同而容易引起歧义的“小说”两字，在《笔记小说大观》之后，就出现了为数不少的唯名“笔记”的选本，如姜亮夫编的《笔记选》（北新书局 1934 年版）、陈幼璞编的《古今名人笔记选》（商务印书馆 1938 年版）、叶楚伧主编的《历代名家笔记类选》（正中书局 1943 年版）、吕叔湘编的《笔记文选读》（文光书店 1946 年版）、刘耀林编的《明清笔记故事选译》（中华书局 1962 年版）、《历代史料笔记丛刊》（中华书局于 1979 年起编刊）、周续赓等编的《历代笔记选注》（北京出版社 1983 年版）、福建师范大学历史系华侨史资料选辑组编的《晚清海外笔记选》（海洋出版社 1983 年版）、卉子编的《中国古代笔记文选读》（四川少年儿童出版社 1986 年版）、偬仕编的《魏晋笔记选》（中国文学出版社 1999 年版）、黄飙编的《历代笔记选析》（海峡文艺出版社 2015 版）、倪进编的《唐宋笔记选注》（上海教育出版社 2016 年版）和《元明笔记选注》（上海教育出版社 2018 年版）等等，其中有的甚至主要或全部收的是“笔记体小说”，也宁可用“笔记”之名而不带“小说”两字了。这与 1983 年江苏广陵古籍刻印社重刊《笔记小说大观》的序言提到的一种看法完全相同：“笔记就是笔记，联带上‘小说’有点不伦不类，不如叫《笔记大观》为好。”[①]这的确既遵循了传统，又避开了混乱，可谓是明智之举。以后欲将“笔记”与“小说”混为一类的选家，不妨都照此办理，只用“笔记”或“说部”之类中国传统的概念来标名，恐怕不失为一条坚守传统的老路吧！

至于有时要将“笔记”与“小说”放在一起并称的，那就比较简单，只要中间加个顿号就解决了。

这样，用三种方法来表示三类本来纠缠不清的“笔记小说”，就不会相混了。我相信，历史的发展必然会继续沿着百余年来已被多数学者所认同和走过的这条道路继续前进。

行文至此，话归正传。我们打开山西古籍出版社1995年始出版的《民国笔记小说大观》，共有四辑52种，其中除《曾胡治兵语录》一编外，大致都有现代意义上的“小说”味。如今又出《民国笔记小说萃编》凡24种，已无《曾胡治兵语录》一类的笔记了，但其中有三部书也可能会产生一些不同的看法。第一部是刘成禺的《洪宪纪事诗本事簿注》。假如从传统文献分类来看，它的基本性质是一部诗注。但它是用“笔记小说”类的文字来注的，其注98篇文字编撰了丰富而生动的故事，说它是笔记体小说也应该是可以的。第二部是《寒云日记》。“日记”本身

---

① 高斯《重刊〈笔记小说大观〉序》，《笔记小说大观》，江苏广陵古籍刻印社1983年版，第2页。

就是一体。这本日记又夹杂了不少有关诗词的著录、名物的考辨等，然“日记”作为按日所记之笔记，作者又以自己作为中心，用其简约、隽永的文字，逐日记事写情，还是具有一点“小说”因素的。第三部就是缪荃孙之《云自在龛随笔》。从此书的主要成分看，实是一部学术随笔，所记多为金石书画、版本目录之学，但中间亦可见多篇记事写人、饶有文趣之作。所以这三部书，虽然显得各有一点另类的味道，但就其实，用比较宽松的眼光来看，不妨也可列于“笔记小说”之中吧。

至于其他著作，几乎都是记述一些社会生活中的大小事件、人物轶事之类，作者当时往往将它们视为“掌故”“杂史”“稗史”之类的史著，未必认同这也是“小说”。本来，在古代笔记中有小说味的作品主要是两类，一类是记鬼怪，另一类是记人事。记人事的也有虚、实之别，当然是写实的居多。凡所谓稗史、掌故、野史、琐记、轶闻等等，名目繁多，都是以记人叙事为主。在晚清民国时期，倡导科学，因而多视记鬼怪者为迷信，不少作者有意回避。与之相应，此时做笔记者大都自命其作是为了补翼正史。作者又多生于高官世家，或本身就是名流学者，熟稔朝廷内外及学界文场的种种故实，所记多自亲睹亲闻，有的还到图书馆里翻阅书刊查证。笔下虽有一些是梳理了历史上的陈迹，但最可宝贵的是触及了晚清民国时期诸如宫廷斗争、外交风波、官场倾轧、吏治腐败、名臣功过、史事曲折、遗老姿态、名士趣闻等方方面面，且多标榜信实，自诩为良史。固然，这些笔记，从作者的写作意图来看，他们主要是想写“史”，而不是要创作小说。后来的历史研究者们，引用这些民国笔记中的片段时，也往往将它们作为故实来证史。它们“史”的本质毋庸讳言。

强调信实的历史著作，与可以虚构的文学创作，从现代学科分类来看，当然是两个门道。但是，它们最重要的一个内核，即记事，是相同的。古代朝中史官之记事，当然是一件十分严肃的事情，所谓“圣人之记事也，虑之以大，爱之以敬，行之以礼，修之以孝养，纪之以义，终之以仁”（《礼记·文王世子第八》）。但后来到民间记事，就未必如此郑重其事了，所记未必都是国家大事，也有的来自道听途说，再有的加些油盐酱醋，甚至有的还故意幻设了一些故事，于是就出现了所谓“稗史”“野史”“外史”，乃至“谐史”“趣史”之类，虽也称之为“史”，但此史已不同于彼史了。更何况，就是一些纪传体、纪事本末体之类的所谓“正史”之作，所记之事，所写之人，也有的富有文学意味，人们也常将它们当作文学作品来欣赏。一部《史记》，不是在“中国文学史”著作中也有着崇高的地位吗？与此同理，民国间那些用笔记的形式，所记的大大小小的故事、形形色色的人物，不也可以当作文学中的一类“小说”来欣赏吗？

事实正是如此。我们就以颇有代表性的瞿兑之来说吧。他在民国期间大力提倡“掌故学”，其主要精神是为了在“正史”之外用“杂史”来保存与发掘真实而完整的史料。有人称他是继王国维、梁启超之后，可与陈寅恪相颉颃的“史学大师”。[①] 他认为，自宋以后，在“正史”中已找不着“政治社会制度之实际情况”了，这是因为“自来成功者之纪载必流于文饰，而失败者之纪载又每至于湮没无传。凡一种势力之失败，其文献必为胜利者所摧毁压抑”。所以治史者“为救济史裁之拘束，以帮助读史者对于史事之了解”，必须“对于许多重复参错之琐屑”加以综合审核之后，“存真去伪，由伪得真”，所以“杂史之不可废”。更何况到了清末，“文字之禁骤然失效，从前闷着不敢说的一切历史上疑案”，人们都敢说敢写了，再加上私家印书方便，报章杂志风行，笔记杂事轶闻之作就纷然而起，以求在“史学上”做出贡献。同时，从文字表达的角度来看，他认为先前的《史记》《汉书》，“叙述一个重要人物每从一二节上描写，使其人之性情好尚，甚至于声音笑貌跃然纸上，即一代兴亡大事，亦往往从一件事故的发生前后经过著意叙述，使当时参加者之心理，与夫事态之变化都能曲折传出，而其所产生之果自然使读者领会于心。”但“后来史家每办不到而渐趋于官样文章之形式。所以然者，秉笔之人多少有一点公务的史职在身，而后代的文网较为苛密，加之私家的传说太多，不是公认的话不敢说，不是官式的史料不敢依据，因此虽然极好的史裁也受

① 周劭《瞿兑之与陈寅恪》，《闲话皇帝》，上海书店 1994 年版，第 113 页。

了限制，不能像《史记》那样活泼泼地了。”[①]所以现在他要从“杂史”中找回“正史”中早就不存在的那种“活泼泼”的文字，这也就使他们的“笔记”“掌故”等杂史之作带有了文学味、小说味。他们写的既是史著，但又可视之为“小说”了。且看其《杶庐所闻录》中有一则记张之洞曰：

> 张文襄虽主新政，而思想陈旧，亦出人意表。其在鄂督任时，公文不用新语，必苦思所以代之者。及入管学部，一日稿中偶有新名词。公批曰：“新名词不可用。”部员某年少好事，戏夹签于内曰：“新名词亦新名词，亦不可用。”次日更定上之，而忘去此签。公见而惭怒，竟日不语，遍翻古书，欲有以折之，卒不可得，乃霁颜谢焉。[②]

此短短数语，将虽主新政、思想仍旧的张之洞，围绕着“新名词”一词，对于属下批评后的神情变化，表现得惟妙惟肖。另见其《辛丑和约余闻》一则，就李鸿章签订和约事，写张之洞与李鸿章因两人所处的地位、经历不同而各持己见，各有意气，只用了一二语，即神情毕现：

---

① 瞿兑之《〈一士类稿〉序》，《一士类稿》，《民国笔记小说大观》第二辑，山西古籍出版社 1996 年版，第 17—27 页。

② 瞿兑之《杶庐所闻录》，《民国笔记小说大观》第一辑，山西古籍出版社 1995 年版，第 27 页。

辛丑议和之役，李鸿章一手主持，不免有徇外人之意太过者。当时急于求成，亦无人起而抗争。惟与俄国单独订密约一事，众议哗然，中外皆不以为然，卒未画押。张之洞、刘坤一争之尤力。相传刘、张联衔电李争持，实出张之手。李愤甚，电致军机处，谓："不意张督任封疆二十年，仍是书生意见。"张闻之亦惭怒，谓人曰："李相办和议事二三次，便为交涉老手耶？"①

与瞿兑之同道的有徐一士，写的笔记小说也多，他们两人一吹一唱，所持的观点完全一致。徐一士也认为笔记首先当写得"不违乎事实，而有益于知闻"，同时要有文采，"或为工丽之章，或具闲逸之致"。但在"专制之朝，王者为防反侧"，迭兴文狱，"故以当时之人而为私家之著作，处境綦难，有时饰为颂扬，良非得已。至清之既亡，则野史如林，群言庞杂，秽闻秘记，累牍连篇，又过于诞肆，楚则失矣，齐亦未为得也。"至于民初设清史馆，所编《清史稿》之类，"取材循官书文件之旧，评赞多夷犹肤饰之词"，根本无当于"史笔"。因此，他要将"有清一代，专三百年中华之政，结五千年专制之局，为世界交通新陈代谢之窔键"中的"是非得失"，"爬梳搜辑"，通过"随笔之体"

① 瞿兑之《杶庐所闻录》，《民国笔记小说大观》第一辑，山西古籍出版社 1995 年版，第 194 页。

来“贡一得之愚”。[①] 他自幼就好读《三国演义》《水浒传》《西游记》《封神演义》《聊斋志异》《儒林外史》《隋唐演义》《儿女英雄传》《三侠五义》等“闲书”，以听故事为乐，这种熏陶，就使他的笔记更有小说味了。其他收入此编的诸作，虽然文风有异，繁简有别，但大都如这样的一些文史兼备之作，读来皆有兴味。所以此编名之为《民国笔记小说粹编》，也可谓是名副其实，不知读者以为然否？

2022 年 1 月 2 日

① 徐凌霄、徐一士《〈凌霄一士随笔〉自序》，《凌霄一士随笔》，《民国笔记小说大观》第三辑，山西古籍出版社，1997 年版，第 8、9 页。

编纂凡例

《民国笔记小说粹编》，选编民国时期笔记小说名家名作，呈现民国笔记小说主要面目，以利阅读和研究。

一、命名。笔记小说是对文史掌故笔记著作的传统称谓。《四库全书总目提要》将掌故著作归于杂家及小说家等类，20世纪20年代有集古代掌故笔记著作之大型丛书《笔记小说大观》出版。至90年代，本社出版《民国笔记小说大观》凡四辑52种49册。本次整理选其精要，亦收新品，精编精校，名之曰“民国笔记小说粹编”。

二、收录范围。本丛书主要收录民国时期（1912—1949）撰写或出版过的文史掌故著作。兼收个别清末出版的重要掌故笔记，因这些清末著作实质上是民国笔记的先声，对民国笔记的繁荣发展起过巨大的推动作用；但只限于其作者为入民国后仍从事创作活动并有相当影响者。丛书所收民国笔记均在万字以上，个别有特殊价值的不受字数限制。

三、排版、文字。简体横排。

四、点校、加注。凡有多种版本的，择一善本为底本，他本作参校，需要时出校记；手稿或单一版本的采取自校。整理时原则上保持底本文字原貌，异体字一般统一为规范字（涉及古地名、人名、译名等的字不在此限），凡明显错讹缺衍之字、词，均做改正并加以标示，符号为：原稿残缺或无法辨识的字用“□”标示；错别字后跟改正字外加“（ ）”标示（以下情形不做标示：人名前后不一致的，径改为正确人名；词形不一致，原文即混用的，直接统一改为现代汉语规范字，如“看作”“看做”统一改为“看作”）；缺脱字直接补充字外加“〔 〕”，衍文外加“〈 〉”。丛书正文不加注释，需特殊说明之处，做脚注，或于导言中予以说明。

原书未分段、标点者，均分段并以新式标点标点。如有整段引文或整首诗词等，亦分段。

特别说明：书稿中用语、用字、用法具有时代特征，与现行规范不合的，保留原貌，如“的、地、得”的使用；“右述”“如左”等原有格式标指文字，保留原貌；特殊的公文（如法律条文等），原文未标点，保留原貌；音译外国人名、地名等，保留原貌。

五、撰写导言，拟小标题。本丛书每部书前均由编者撰以导言，对作者生平、版本流变及内容特点等予以简介。对未予随事标题之笔记，凡有条件者，均酌情拟小标题（此种情况须在导言中说明），以便索引及阅读。

六、原书中有“胡清”“发逆”“拳匪”“蛮”“夷”等歧视性称谓，以及某些不当观点，为保存原著全貌，保存原著作者观点,均未予删节或更改,特此申明。

由于时隔久远、资料不足,加之其他种种原因,本丛书虽纠正了原著诸多误载,但绝难尽善尽美,敬希读者予以指正。

民国笔记小说粹编编委会

2022 年 2 月

目　录

导　言

刘体仁，安徽庐江（今合肥）人。字慰之，号辟园。生卒年未详。考其弟刘体智（曾任上海实业银行总经理，著名甲骨、铜器收藏家，所藏之甲骨，为郭沫若编录并考释于《殷契萃编》），生于1880年、卒于1963年，当知体仁应生于1880年之前。其父刘秉璋（1826—1905或1828—1906），字仲良，室名习静园，咸丰十年（1860）进士；初从李鸿章，后自领一军号“亲庆军”，在江、浙、鲁、豫一带镇压捻军，受曾国藩器重，与李鸿章等稔熟；光绪年间官至四川总督，在任八年，后以教案事褫职；卒后复原官，谥“文庄”。刘体仁因父辈关系，谙熟晚清轶闻，著有《异辞录》《续历代纪事年表》《十七史说》《通鉴札记》，合称“辟园史学四种”，为民国初年史学名著。

《异辞录》四卷，凡三百四十一则，记述清咸丰、同治、光绪、宣统四朝间的人物和史事，涉及太平天国及捻军、中法战争、甲午中日战争、戊戌政变、义和团运动、辛亥革命等，兼及其他掌故轶闻，如彭玉麟谈葛毕氏案、胡雪岩轶闻等。因其事多为亲历亲闻亲见，故所记较为真切，具有较高史料价值；同时因其笔记笔法，以洗练文辞记趣闻轶事，读之令人不禁时而怅惘、时而击节、时而喷饭。

本书随“辟园史学四种”于民国初年石印刊行，因恐触犯当时人物，一些言词曾被删去；1984 年 12 月，上海书店将删缺之处填补后，收入《清代历史资料丛刊》影印出版。此次整理出版，以台北文海出版社《近代中国史料丛刊》（第十八辑）之影印本为底本，参校上海书店影印本，悉心点校分节，一一加小标题及序码，以期方便于读者诸君。

张继红

卷　一

一　皖省学问之盛

皖省科甲门第逊于江浙，然于学问渊源，则较为早。江慎修、戴东原两先生，在雍乾时代，颇开风气之先。咸同之际，文化渐于南服，郑子尹之流学问精湛，足以媲美前修。子尹曾受业于程春海侍郎，侍郎歙县人也。徽州一府经学辈出，举世宗仰，真如泰山北斗矣。桐城方灵皋、刘海峰、姚姬传三先生，以文章鸣。历城周书昌编修云："天下文章，其在桐城乎！"此为极盛时代。明东、东树称姚氏高足弟子，再传而得存庄，名节足多，后先晖映。吴挚翁就湘乡曾氏求学，于姚氏为私淑，讲学最久，名重东北，为桐城人物之后劲云。

二　都中士大夫嘲某甲联

都中士大夫口舌尖新，喜为诗词对句，嘲弄当时之人。

有某甲，为陈子鹤、许滇生两尚书所取士。陈尚书夫人薨，甲挽词有“丧师母如丧我母”之语。次年，见许尚书，尚书言其夫人久病。甲云：“门生妇当来服事。”尚书固辞。未几，其妇携行李来。及门，许夫人扶病出谢，阻，弗使入。时人联云：“昔岁入陈，寝苫枕块；昭兹来许，抱衾与裯。”

三　张芾其人

通商之初，士大夫耻言洋务，甚或浮词入奏，生国事之梗。蒲城王文恪以尸谏，遗疏力阻五口通商和议。后人揣测附会，以为弹劾穆相国者，非也。张文毅是其门人，为之掩饰，正理所宜。文毅从此遂不理于众论。南昌一役，虽江忠烈守御之功，然文毅于时为抚帅，临时招之使来，兵饷悉率以听，克保危城，榰柱东南半壁，论勋业，与张许之守睢阳何多让焉？相传每日忠烈登陴守备，暮归倦甚而卧，文毅辄至榻前与之叙语，雅量殊不可及。乃因一事以误生平，其后竟以微疵褫职，当时关涉洋务，为害如此。

四　刘秉璋、潘鼎新之交

先文庄幼学于同邑潘小安封翁，翁之子琴轩中丞与之同学室。文庄小试，初不得志。中丞早入泮，聪颖异于常儿，抱大志。将为京都之游，恐堂上有异言，不敢以告。乏赀用，文庄潜质衣与之，既而幡然改计，与之同走。行两日，先祖与潘翁追至，稍给资斧，训以多语而别。潘翁赠文庄以言曰："小试之文，毋深思大力。不然，既至北京，不能再北。"潘翁盖疑文庄怂恿其子出游，犹不知中丞之动议也。至京，先见李文忠之封翁愚荃侍御而请学焉，游扬于公卿间，颇为孙兰检、吕鹤田两侍郎所激赏。孙侍郎曰："学至于此，应童子之试而犹不售，难乎其为庐州府学秀才矣！"文忠曰："殆犹甚焉，公知吾乡应府县试者常三千余人，英才屈抑奚止此乎？"吕侍郎曰："刘、潘两生他日贵显，为吾乡后起之秀。"时道光二十五年之冬也。文庄至京，在文忠丁未会试之先。既文忠成进士，李翁谓："吾儿新贵，可取资焉。"是后文字皆就文忠是正矣。

五　李鸿章温熟《诗经》

李文忠丁未会试之先，辛苦用功，只温熟《诗经》一部。观公闱作"君子贤其贤而亲其亲"二句"四书"文，读公《朋僚函稿》，时引《毛诗》，流露于不自觉，可以概见。古人通经致用，非谓通群经也，苟能通一经，用之绰有余裕。若徒诵章句，过而辄忘，食古不化，何益之有？

六　李鸿章崖岸自高

先文庄与潘中丞初至京，小住庐州会馆，既而移寓城内东单牌楼观音寺胡同观音寺。李翁之友，湖北宜昌府通判、江阴沈耀鋆者,嗣于洪杨之乱,陷寇被害。其子即品莲方伯也,是时遣至京师就学,李翁使之同居寺中。巢县周沐三游学北方,闻风而至。萧然古庙之中,遂有四友。惟沐三为部郎一人之门人,不为文忠下,其后亦未达,余则兼师其父子。文忠贵后,在北洋督署,沐三荐其幼子持函以往,称谓如旧友,文忠大怒曰:“我旧友中焉有此人!”其词不无憾焉,然终予以小差,足见前辈崖岸自高而心地自厚,两不相妨。

七　潘鼎新为富家赘婿

先文庄与潘中丞,皆冒顺天大兴籍,应己酉北闱乡试,中丞获隽,文庄落第。二人皆未娶也。中丞刻朱卷,与肆中人断断计较。既毕,肆主见其未娶,调侃之曰:“如此精明,不知谁家女郎得兹佳婿?”时先母程太夫人年已长,先王父、先外祖皆催归完姻。秋试后,文庄乃与中丞同归,时道光二十九年。

当中丞未举于乡之先,潘翁曾为之求婚于青阳司巡检,巡检曰:“吾女不惯作炊。”弗许。闻中丞中式而反求焉,潘翁曰:“与我二百金者,吾子与尔婚。”巡检不得已而与之。适同乡京官谢梦渔侍御有女未字,属李翁为之相攸,李翁曰:“新科举人潘琴轩,吾知其未娶。今归,未知成婚否,当函询之。”侍御起谢者再。及书至,而中丞已以二百金鬻为富家赘婿矣。相传中丞缘此不乐承欢于潘翁前者,旬有余日。

洪杨乱作，蔓延日广，据有三河镇。中丞举人也，不能留于其中，潘翁以车自送佳儿佳妇，就其岳家于合肥。巡检留婿及女，而遣潘翁去。潘翁，故里中名士，岂屑与巡检较量短长？坦然径归，自乘车之一边，而以一边载行李，复返三河镇。中途过战区，遇寇兵搜检，叱其下曰："汝变妖邪！"潘翁怒曰："变妖，汝将若何？"遂遇害。中丞因留合肥，入团练，为报仇计。

八　湘军之制

湘军之制，不收乌合之众。其成军也，能选兵十人以上者为什长。十人之选何难之有？惟被选者须缓急可恃之为当。等而上之，能得如是什长十人者为哨弁，能得如是哨弁五人者为管带、营官。等而下之，为管带、营官者，夹带中必先有哨官五人；为哨官者，夹带中必先有什长十人；为什长者，夹带中必先有缓急可恃之兵十人。其临阵也，什长阵亡，其下兵之存者十人悉斩；哨官阵亡，其下什长存者十人悉斩；管带阵亡，其下五哨官存者悉斩。由此类推，一营全没，则营官应斩；一哨全没，则哨官应斩；一棚全没，则什长应斩。大纲本诸戚继光兵法，变通而行之。淮军因而效之。中兴后五十年，勇营之制不外于此，但执法者不若是整齐画一耳。

九　李续宾战死三河镇

曾文正始办团练，尚倚武营弁勇。塔忠武，其杰出者也。以文员从军临阵，盖自罗忠节、李忠武兄弟始。忠武兄弟先从忠节讲学。上马杀贼、下马作露布者，古有之矣；上马杀贼、下马讲学，盖未之前闻。忠武殁于吾乡三河镇。相传贼兵大至，忠武闻之大悦，曰："愈多愈佳，将聚而歼之。"公于是役埋轮絷马，慷慨捐躯，固足以使当时懦夫立志。然屡胜之余，掉以轻心，有取败之道焉。

一〇　多隆阿身死因由

鸦片战役之后，国家军力情见势绌。英法和议未定，而未尝一日忘中国，辄于海外作耽耽之虎视，伺衅而动。国中遍地皆寇，无一完善之区，亡可计日而待。其所以转危为安，成中兴之业者，固由湘、淮军将多出儒臣，不欲更姓改物，致起长久之内争，抑亦八旗将领犹有能者故也。塔忠武材武过人，未尝独当方面。僧王将蒙古铁骑，驰逐中原，可谓勇矣，而计谋不定，故无成功之望。其绝伦超群者，惟忠武（勇）公多隆阿，自武昌、九江而入皖境，百战百胜之师，卒以意见不协，移军陕西，譬如驱虎入穴而使之斗，何以能尽其才？围攻盩厔，受伤身死，惜哉！入城之日，公卧不能起，刘霞轩中丞往视，公闻其至，移面向内而不与语，未几而卒。

一一 李鸿章为吕贤基草疏言事

李文忠为编修时，以文字自喜，恒为吕文节草疏言事，时人弗之奇也。洪、杨得武昌，顺流而下，沿江戒严，安庆续陷。闻于朝，文忠方在海王村书肆中，遇同乡某君，谓之曰："尚不知省城失耶？而作此不急之务也。"文忠感念桑梓之祸，过文节，怂恿上章。文节即令其代制，而允具名焉。文忠归，翻检书籍，审察时势，惨澹经营而得长篇。书成已深夜，幸居距文节宅不远，使人持往，不至误翌晨封奏。文忠倦卧，迨醒，日已过午。当时京朝官不得见本日朝报，心念昨事，驾车往见文节。及门，闻合家哭声，如有丧者。登堂，文节自内跳而出曰："君祸我！上命我往。我亦祸君，奏调偕行。"是日，文节召对，上大哭，文节亦伏地哭。其后，文忠《和何莲舫诗》中有"追怆同胞烈士魂"，指文节也；又曰"谏草商量扞吾圉，伏蒲涕泣感君恩"，记是事也。

一二 李鸿章舒城临阵逃跑

文忠从文节至皖，等于徒手。官军见寇即走，屡败不振；乡勇乌合，不堪一试。文节以客官，更无能力应敌。驻守舒城，闻寇将至，议守御，文忠与焉。封翁在庐州办团练，老仆刘斗斋久役于封翁京寓中，时随至舒城，见事日急，密引文忠至僻处，告之曰："若辈死耳，无可避免。公子何为者？独不念老人倚闾而望乎？"文忠悚然问计，刘斗斋曰："马已备。"急驰去而免。其后，文忠有田百顷在英、霍之间，命刘斗斋之子某甲为收私租，十年无所得。召往问之，某甲呈簿，入不敷出，须益以三千余金，出入乃能相抵。文忠怒，以足蹴之，亦不之罪也。

一三　太平军占据扬州

鸦片烟之役，英舰入长江，据镇江。时扬州为盐商聚集之处，因承平日久，倏闻兵事，惊惧异常。有江甲者，素与英军中译人相识，献巨款乞免。英军许之，迎至扬州设宴款之而罢，颇得众誉，有江善人之称。及洪、杨南窜，取金陵，下镇江，盐商狃于蒲骚之役，复使甲往。寇军首领伪许诺，甲如法接待。筵席中，伏甲尽起，缚甲杀之，遂踞扬州。

一四　张国梁之妻

戏剧最足移人，而作伪亦易。《三国演义》章回小说，宋稗之下乘，而贾竖牧子无不津津乐道，则二簧、西皮之力也。汉距今远，犹云无考。有目前之事乱人耳目者，莫如张嘉祥娶亲一节。忠愍(武)夫人，桂林人。忠愍(武)少为盗，一日为村堡人所擒，夫人亟驰至，劫之以归，人无敢动者。复从至金陵。江南大营未溃时，忠愍(武)遣归，属乡人参将李某送之。里中故无家，以五千金付置第宅，给衣食。临行，拔一齿，授之为别，曰："予必战死，恐骨不能归，它日可以是葬。"其语洵烈丈夫也。夫人既自江南还，筑室羚羊峡，与侍妾五人居。会当受一品夫人封诰，诏将至，谓参将曰："诸妾与予同事，今予受封极品，彼不得沾，恐怏怏多不欢。若读诏，可口增某氏某氏也。"

新兴、高明等县有嘉应客民，屡与土人斗，避难者多入羚羊峡，道馑相望，夫人常贷金散之。忠愍(武)殉国，尸觅不获，夫人以所拔齿葬。观此，则忠愍(武)、夫人少年结发，曾与共患难，忠愍(武)故后，能尽死葬之礼，如戏剧所云，岂非杜撰。

一五　官文之死妾

旗人于朋友之际，亲如家人骨肉，平时往还，主人、主妇同出见，子女侍侧。遇有吉礼，虽非亲属，而与叔伯兄弟舅甥无异；凶礼则人人白服，适合古人同爨缌之礼。《桃花圣解盦日记》，讥官文恭在武昌，其妾之死，官吏皆白服送丧，因举《拜经文集》为妾服缌。议谓在阮文达两广督幕时，文达有爱妾死，而以此献媚。（按：同爨尚缌，妾于何有？是不知满俗，且未能尽通古礼也。且官文恭镇武昌，与胡文忠为契友，在其笼络之中。相传，文忠太夫人抚官妾为义女，每在抚署，太夫人待之真如己出，妾视文忠不啻手足。因是，文恭遇事推崇督抚，若为一体，而文忠遂以得行其志，果建殊勋而平大难。此又文忠经权互用之宜，非腐儒所得能揣测也。)

一六 阴阳怕懵懂

胡文忠之才，为中兴诸贤之冠。曾忠襄率军东下，知兵之士多虑后路之孤，文忠勖之曰："往矣，昔有兄弟二人，兄不谈阴阳，弟多迷信。频年兄弟均未逢凶宿，弟拘禁时日，颇以为苦，思效其兄以自疏放。不择日径出，果遇黑煞神于途，责其不循故辙。弟曰：'吾从吾兄，奈何独当其咎？'神曰：'汝兄懵懂，阴阳怕懵懂，不得不避之。汝畏服我者也，胡可违命！'天下人惟懵懂足以举事。往矣，行见大功之成。"及忠襄克金陵，就鄂抚任，与官文恭交恶，李文忠闻之，辄举前言以为笑乐，曰："是太懵懂矣。"

一七 "翰林变作绿林"

科第时代，重师生之谊。李文忠公，出福元修中丞门下。洪、杨乱中，文忠免于舒城之难，归乡随封翁治团练。事出创举，不免募捐。乡人为之揭帖云："翰林变作绿林。"未几，李翁以忧卒，或云自杀。李翁体肥，会当夏令，辄痛饮且露宿于外，无疾而终，故云然。文忠《和何莲舫诗》有句云"锦囊未敢忘三矢，盖箧何曾有一钱"，盖记实也。是时，文忠益不得志，福中丞时为皖抚，乃往依之。中丞惟倚总兵秦定三、郑魁士，两军以互相猜忌而败，中丞镌级去。文忠入曾军，乃得大用。其后中丞任乌里雅苏台将军，失地夺职，文忠为叙前劳，还原衔。文忠治军，不使诸将和睦，预防其协谋为主帅害，似传中丞衣钵。文忠常述中丞之言曰："时时以不肖之心待人。"似此口吻，足以知当时治军之法。我军之终以不振，胥由于此。然武人之不能揽权亦由于此，未可厚非之也。文忠末年居京，中丞如夫人犹在，每岁首，文忠亲往叩拜如礼，犹不忘本。郑魁士卒，文忠为之请恤，重旧日同寅之谊也。

一八　张芾守徽州五载

先文庄以孙省斋方伯之荐，入张文毅公幕中，一见以国士相推许。庚申之前一岁，特令入京办报销，兼应会试，期以大用于世。文庄生平于文毅旧谊始终不忘云。公先以言事失职，侨寓绍兴，未几，有办理徽池军务之命。是时，皖南之寇筑芜湖石垒为巢，蔓衍池郡，而江右广饶之寇方炽，势欲相连，徽郡适当其冲，岭隘重叠，村落殷富，故受兵尤亟。浙江大吏以皖南为浙省藩篱，徽、宁为入浙门户，故不分畛域，遣兵济饷，力保徽、宁。先后令徐观察荣、石观察景芬、晏廉访端书至徽经画军事，犹恐未尽善，最后乃奏用公。

公以五年五月十日至徽，时寇据休宁，郡城危急，公轻骑由昱岭关驰至，指挥各军复休宁、黟县，驱寇出羊栈岭，复岭外之石埭。公以为守徽惟当守岭，岭防既固，民自乂安，故令周天受筑垒守之。于是招集流亡，和辑将弁，训练士卒，抚恤疮痍，诛锄奸慝，护持善良，设立厘卡，劝谕捐输。数月而人心大和，军实渐振。兵屡出而不扰，财乐输而无怨，实始于此。公善用人而重筹饷，先由浙江供给，改拨江西，又不时至，惟以忠义激励将士，人咸乐为之用。常有事濒于危，以调遣得宜而转为安者四焉。

六年三月，江右之寇分为两路，由祁门、婺源进逼郡城。公仓卒率亲军出城安营，收集前军溃卒，两日之间，军声大振，御寇潜口，败之。九月，寇大股由黟、休宁入。公列营七里亭，督江、周两军大战五日，寇败遁。七年五月，景德镇之寇由祁门、休宁间道至，公调集诸将击走之。十年二月，池郡之寇由泾、旌、太以陷绩溪，直逼郡东，公出城督江镇军，乘大雨鏖战两日击退。徽郡四面受敌，岭路分歧，不能禁寇之不至，至而有以待之；不能保城之不失，失而旋即复之；不能必战之不败，败而有以持之。四境之内，农商不失业，庠序不废学。留心民事，用人各尽所长，部下江长贵、周天受辈，由偏裨而为大将；吴曰富不理于乡，特为湔祓；张泰忠、唐仁廉自拔来归，任以将领。咸著忠节而建功名。邻境有事，均视如己事无异。先是，江右广信之寇由衢州趣金华已急，令王恩荣往援，又使江长贵、周天受继往，浙省获全。晏中丞奏云“保浙之功，推为第一”，非溢美也。十年间，所部劲旅悉调赴浙江，仅留楚军萧辅臣及新降韦志俊之军。其勤于王事不分畛域如此。戎事之暇，培植士林。己未恩科，特为奏请借浙闱乡试，学使邵公亦得举行院试，皖南士人至今颂之。公守徽始终五载有余，支持危局不遗余力。

十年春，江南大营溃败，苏、常沦陷，浙抚欲招至浙共办浙事，公以未奉朝廷命，弗肯行。及秋，有言官劾其不职，公即叙折自劾，奉旨内召。时曾文正已任两江总督，兼办四省军务，以徽事交李元度接办。八月二十日，公去徽，越五日，徽郡陷，周天受及皖南道福咸、知府颜培文、宣城令王乃晋皆死之，徽郡之遭祸酷矣。

以张文毅之绸缪五年，而卒不终受其芘（庇），殆有以取之。先文庄在戎幕，身亲其事，时杨濠叟亦在幕中。文庄会试房师滨石先生，咸丰壬子一甲二名进士，官太常寺少卿，久直南书房，与濠叟为兄弟行，在会榜之前不之知也，然同寮极相得。濠叟之言曰："徽郡之祸未有艾也。郡人喜倾陷、尚财利，其言利也，虽父子兄弟间必析及毫芒，自诩不苟且。饷捐之数虽多，皆迫于势，而国家之官阶、庠序之学额、绅董之优叙，犹足以相抵，未见有慨舍其资不责报而为德于乡里者。宿师数万，先后六年，军营成市，藉之为利者甚厚，军中所领之饷仍靡之于徽，故徽郡名为匮于捐输，实则增其居积。蕴利生孽，一朝溃决，将不可止。"未几，果有庚申八月二十五日之事，濠叟之言验矣。

一九　吴曰富浪子回头

花鼓会，赌钱戏也，今上海盛行，谓之"花会"，害人至死不可胜计，实出自徽，土人疾之，谓之"花镫蛊"，与闽粤之花会略同。得隽者以一赢三十,愚人以为失仅一,而得则三十也,争趋之。夫三十而中一,甚难之势也。业此者,欲人财之聚也,偶露其倪,时令获中,故忻羡者不可遏。道光之末,起于绩而盛于歙,山村水堨设坛场、聚游手,隐屏而为之。报信者谓之"走水",交驰于道,数十里内呼吸通也。徽人嗜利,自士大夫至乡民,靡不染其习。妇女在深闺,凭"走水"代射,或暮夜乞灵于淫昏之鬼。富者丧赀于无形;妇女迷惘失志,愤而戕生者,比比皆是;亲戚朋友互相排斥,怨深水火,风俗大坏。

其最著者曰吴老铭,即吴曰富,绩人也,自名豪健,不吝于财。棍猾附之,穷困之士亦从之,惟绅富之悭鄙不能饬其子弟妇女者,疾之如仇,扬言其谋逆。于是,郡守达秀擒而置之狱。至粤寇逼岭,议募勇集团,徽人恇怯且吝啬,莫可与计事者。有潘学陶者,以全家具保,请于郡守而出之。绅富汹汹腾谤,而寇已破祁门,至黟邑。

吴出狱,即号召其人数千,成军出御,驱寇出羊栈岭。有功,谤稍戢,然花鼓会不能禁也。至咸丰乙卯春,浙江所遣之徐观察荣御寇死难,都司江长贵受重伤,吴老铭之勇败散,而郡城失守。郡人程葆以新授广东肇庆知府,道经浙江,浙抚奏令回籍办团,吴老铭之散勇暂归之。迨张文毅至,一郡人疾吴如疾寇,恐其复用。文毅面谕之曰:"尔之子弟妇女,何不自教饬,而怨他人乎!吾闻吴尚能率勇御寇,不若巨富之惟以馈献为事也。"郡人语塞。乃复录用之,令其部下禁绝花镫蛊。

吴虽粗材，颇义侠，财不入己，奉文毅之令惟谨，其援浙尤有功，善戢士卒不扰民，杀贼奋勇，绅富渐与相安，不复腾谤，而花镫蛊亦遂熄矣。八年冬，援浙回，以病死，已擢副将。死之日，惟一故妻守丧，子幼，家无余财。

二〇　太平军破祁门

徽郡四面岭隘，岭内山路崎岖，百道歧出，善防之，外兵无由入，实易守也。寇之始入也，由祁门之大洪岭。邑令唐治，贤吏也，忠义奋发，缮守御，得士心。祁邑向不修城，修城于西乡不利。寇逼岭外，议筑城以守，绅士洪小蒙等集其事。乡顽程狮者，执不筑城之说，与官绅为难，率众毁洪小蒙家，拆城墙二级。唐令怒，擒而诛之。狮妻衰麻赴安庆，泣诉于寇帅，请兵，遂导之入岭，于咸丰五年二月破祁门，唐治及巡检钟普塘死之。

二一　黟人恋财无义

粤寇据安庆，又据太平府，筑芜湖石垒而守之，游弋于池州诸属。其艳徽州之富饶久矣，顾限于岭隘，不知路径，不敢遽入。既徇程狮妻请入祁门，又至黟境，为吴曰富即老铭之勇逐出，益知岭内路径虚实。黟人平日素贾于省城，寇据省城，黟人之贾如故，与寇甚习，导寇入黟之羊栈岭，而为居间。黟富集巨赀以馈献，蕲免淫掳。已而，寇受馈献，仍淫掳，遂破休宁，入郡城，皆不免于馈献，实无救于事也。及张文毅初莅徽，令助饷劝捐者犹以此为藉口，富户始有所愧慑而不敢抗。商贾嗜利不恤其乡，绅富恋财乞怜于寇。古人言徽人必有抱金而死者，信矣。

二二　皖南道官员屡经更张

石咏斋观察景芬，以御史简知府，丁忧起复过浙时，上海奸民倡乱，戕官据城，逼近浙境。巡抚黄宗汉知观察之能，即令率兵，会江苏巡抚吉尔杭阿之师，复沪城。咸丰五年二月，粤寇陷徽州，浙中大惊，苏抚何桂清急遣观察率沪上得胜之师取徽州，授金华府知府。四月，寇复入徽，连陷休、婺、黟、祁，浙抚又遣观察赴援，并奏请张文毅督剿，连复各县，驱寇出岭。时侍郎沈兆霖奏请暂设皖南巡抚，部议改安徽宁池太广道为皖南道，增设皖南镇总兵，得会衔专折奏事。文宗嘉观察屡著战功，特授为皖南道，以江长贵为总兵，同驻池、太之间，与张文毅协力防剿，图攻芜湖石垒，以断寇江上往来之路。攻青山失利，方谋再举，何桂清遽劾罢之。观察为人，强直自遂，好文爱士，待若子弟；遇时俗之士，则严肃峻冷，不稍假辞色。见上官，直言不逊，人多恶之，是以被劾。张文毅初至徽，练勇五百人，以杜时升为之长，左右无他将才也。观察虑兵单，文毅并所练勇与之。爱护如此，竟不能用尽其长，文毅惜之。

及观察既劾去，邓介槎观察瀛继为皖南道，劝率士民同心御贼，任用能吏袁青云为宣城令。近与留防之邓绍良和衷共济，而远联徽防，与文毅互相联络。浙抚晏端书，其会房所取士也，深知徽、宁为浙省西南蔽障，故取求必应。故七、八两年强寇压境，卒能自守，民困稍苏。

自胡兴仁为浙抚，以为浙中自谋不暇，弗为邻境调兵筹饷。浙吏又视宁、台为利薮，候补道许焜营得之，而饷不时至，主客交讧。时邓绍良已战殁，代者郑魁士。魁士尚气，以饷之不继，恨甚，参奏浙抚所用非人。得旨，邓观察解任，许焜撤粮台差，交总督何桂清质讯。旋以福咸任皖南道，浙省以孙省斋观察代许焜，并请罢郑魁士而代以周天受。未几，浙抚胡兴仁去职，楚藩罗遵殿代之。屡经更张，事益棘手，不可为矣。

先文庄在徽营久，见邓观察所致文毅手书，月必数至，尔雅恳挚，计画多中事情，蔼然仁者。文毅心折焉，每得书必叹其忠，恨不与共晨夕。旋起旋蹶，固属不幸，然奸诈庸劣之徒，亦未有幸免焉者。死生成败，固时与命为之也。

二三　李莼太守任粮台

李新塘太守莼，由进士授编修，陟卿贰，为奉天学政。以言事降调，出守九江，回避为徽州府，与林君廷选对调。四年春，粤寇扰徽，太守适至，崎岖军旅间，郡城空虚，乡勇恣横，花会盛行，为害歙、休、绩三邑最甚。饷无所出，捐无可集，绅富袖手，士民腾谤，太守以清华之质处此境地，如堕尘网，悄然不乐。张文毅至徽，太守为翰林前辈，求谢府任，他事惟命。文毅乃与要：若能任粮台者，当为请于督抚，乃得开缺，而林廷选复任云。

太守之解职也，人咸目为畏葸，不娴吏治，太守但听之。及至专任粮台，厉精为之，黎明即起，率属综核庶务，竭力奉公，发付各营，调剂缓急，均平和协，无不悦服。其治文书，虽冗繁杂遝，一览不再视，而曲折洞然，过时能诵，莫不惊服。私财用之不吝，一涉公款无丝毫苟且，洞察物情，下不敢欺。治事二年余，积劳成脾泄病。七年秋，卒于徽州。所任用者沈凤才、沈起鹗、程亦陶等，皆著能名。

二四　沈凤才、沈起鹗及程亦陶

沈凤才，字五楼，当涂人。以贡生为绩溪训导，敏练多能，洊保直隶州知府衔。文毅离徽，凤才即入都谒选，选甘肃阶州知州。履任后，适粤寇启逆、川寇蔡二顺同时窜陕路过，城陷殉难。沈起鹗，字荐廷，石埭人，以浙江县丞随晏中丞来徽，留派粮台，练达诚笃，同列倚之。补浙江海盐县知县。程亦陶后官浙江知县。先文庄在徽营，自太守以下诸君皆与共事，故知其详。

二五　颜博洲敏捷详练

张文毅再起，先至庐营见福元修中丞，往临淮见袁午桥统军，袁故亲家也。途中见统军所张告示而美之，知出颜博洲培文手，遂乞于统军，延入幕府。文毅仓卒受事，左右无多人，惟先文庄与杨濠叟、颜博洲、王庆三等诸人。庆三司杂事，濠叟司文案，其军务则惟文庄与博洲任之。行至昌化，招勇五百人，博洲坐昱岭关口，执册点之而入。至徽郡，驻新安卫署。时文庄与濠叟、博洲同住厅事旁，事无巨细，无不闻知。文毅于清晨起治事，见属官、绅士谘诹筹度，送客出，即入厅旁，令办所言事；有时同客入，谋议尽善，属稿、画诺、发行，不逾晷刻也。濠叟通《说文》、善篆书，学问为一时侪辈之冠。博洲于事敏捷详练，策宁郡饷事，条举一岁之出至纤至悉，上之文毅，请函告皖南道邓公商之。濠叟笑谓博洲曰："吾辈行与君别矣。"博洲愕然。濠叟曰："此函去，邓公有不檄君为助者乎？"既而，果然。博洲握篆未久，宁郡失守，未几克复，仍署府事。久之即真，十年八月，宁郡再陷，死之。

博洲在郡，任用能吏袁青云为宣城令，上承邓公之教。粤寇逼境，悍将鸱张，君调和其间，支撑数年，民兵相处，不致决裂。其心力良苦，卒无救于城陷，则时势为之也。

二六　孙镜潭尽心民事

孙镜潭太守成鉴，以吏员升补贵池县知县。当道光年，大江南北县令之所倚者曰"南漕北赈"，浮收之弊，犹取民之余，赈则攘民之不足，捏报灾数，领款抵亏，以救百千万饥民之资救一吏之家，上下视为固然，此乱前之积习也。皖省之池属，于前岁困于水，太守令贵池：遇水将成灾，先至各乡遍查户口，分上中下造册核定赈数，白大府请赈。赈银既至，以银数晓示境内，按灾册所列各乡饥户分银，唤熔工凿银分包，标明发某乡、某董分赈，随将饥口名数、赈银两数、某董名姓，限某日发完书榜给各乡张贴，十日而事毕。凡因赈事所用，置册登记开销，即申报抚藩。大吏嘉其速，为发续赈银三千两，因其实惠及民也。至粤寇扰江介，池州府陈源兖在庐州殉难，太守以贵池令兼摄府篆。张文毅时在徽，来谒，且以一册呈览。视之，则池郡绅士之贤否、商民之贫富、宿棍之出没，并与粤寇相通、民间隐事，无不毕载，其尽心民事如此。

二七　曾、胡、李遇合之源

李文忠封翁，曾文正讲学之友也。李翁故后，文忠所如不合，嗣以故人之子，得入曾军。观文正手书日记，视如李次青方伯之流。英雄贱日无殊乎众，固不足异。祁门之役，张文毅投劾去，文正将之徽州受代。幕府诸人咸尼其行，而令次青方伯往，未几，果败。文正疏请治罪，众争之力，不可，乃以去就争。

文忠辞曾营，而就其兄勤恪公于江西某知县任所，途过益阳胡文忠军，见之且告之故。益阳曰："君必贵，然愿勿离涤生。君非涤生，曷以进身？"对曰："吾始以公为豪杰之士，不待人而兴者，今乃知非也。”拂衣起，归寓。束装将行，益阳之使适至，挽之回，不许；强而后可。留饮数日，绝口不谈前事，尽欢而别。

文忠在江西，简福建遗缺，道阻兵，进退维谷，闻文正克安庆，驰书往贺。文正报书云：“足下行踪亦颇突兀，昔祁门危而君去，今安庆甚安而不来，何也？”前辈口传如此，与今本《曾集》微异。文忠得复，遂回曾营，文正特加青睐，于政治、军务悉心训诰，曲尽其薰陶之能事。

时先文庄至皖，见文正，文正称为皖北人才，著之《求阙斋日记》，曰：“气象峥嵘，志意沉着，美才也。”退见文忠，文忠曰：“吾从师多矣，毋若此老翁之善教者，其随时、随地、随事均有所指示，虽寻常赠遗之物，使幕府皆得见之，且询其意，是时或言辞，或言受，或言辞少而受多，或言辞多而受少，或取乎此，或取于彼。众人言毕，老翁皆无所取，而独抒己见，果胜于众。然后心悦而诚服，受化于无形焉。”未几，文正荐文忠为苏抚，飞黄腾达，盛极一时，勋业几加文正之上。

天津教案，继文正督直，新旧交替，同居督署中。一日，谈笑极乐，文正谓文忠曰：“我遇困境，咸赖汝继。汝才胜我，我聊以自解者，汝究为我所荐也。祁门之别，益阳来书，云‘李某终有以自见，不若引之前进，犹足以张吾军’。今思其言验矣。”观此，可想见曾公之雅量、胡公之远见、李公之奇气，而三公遇合之迹，亦可略寻其源。

二八　李鸿章与九华寺僧

李文忠居乃兄知县署中。一日，遇九华衲子于友人所，善相法。见勤恪，曰："贵人也，不十年当任方面。"继见文忠，曰："贵不可言。令兄之贵，胥由于公。"归而告母，太夫人大喜。次日，使赠以赀，再询其详，则已行矣。

及文忠入阁办事，居贤良寺。九华某寺僧至京，请藏经。余家仆媪辈多为九华旧香客，素与寺僧习夤缘，而至文忠所为之求书。公呼寺僧至，问以衲子所在。寺僧巧言善谀，承文忠意曰："此地藏王菩萨化身也。"文忠乐甚，亲为洒翰，且命贤良寺主持僧为之上下关说，得早领经以去。

二九　左宗棠、彭玉麟与李鸿章相左

左文襄勋业，以幕客时为始。文襄在军，距曾军数十里程，间日跨马而来，文正辄盛设馔食以待，谓大烹以养圣贤，重之如此。文襄善啖而好谈，入座则杯盘狼藉，遇大块用手擘开，恣意笑乐，议论风生，旁若无人。偶与辩胜，张目而视，若将搏噬之状。称人必以其名，惟于文正则敬之称字。一日，言事有异同，文正出句云："季子自鸣高，与我心期何太左？"文襄对曰："藩臣身许国，问君经济有何曾？"以名对字，偶一呼名，所谓箭在弦上，不得不发也。

李文忠时在文正幕，辄不相下。曾军湘人为多，值彭刚直来谒，讥评之中，忽涉皖籍人士。刚直尊人久任合肥青阳司巡检，文忠反唇相稽。刚直遂用老拳，文忠亦施毒手，二公互殴，相扭扑地，座客两解之，乃已。

文忠与文襄、刚直始终不协，今文忠《朋僚函稿》，于捻事言及逆首张总愚（宗禹）辄云“太冲非其对手”，于西事颇责其误国甚于崇厚丧地。文襄家书，诋淮军等于捻匪。读者殊以为已甚，不知二公时宣于口，较之笔诸书者为更甚，而觌面之辞则其尤也。盖文忠皖人，性情坦直，以率性为道；湘军自讲学而起，修道为教，不免有许多勉强之处。至于道之大原，则一也。

三〇　李鸿章“虚报”战功

虚报战功，为随营刀笔之惯技，匪特不肖者为然也，虽贤者亦有不免焉。《李文忠集》中奏议、函稿、电稿之属，当时抄录，早自分类。所谓吴挚翁编者，特已然之迹耳，而事后删润之处，颇有端绪可寻。同治间邸抄，文忠疏称李秀成死者，一再而三，此岂小故也哉！当文忠未至苏时，曾文正置于乃弟忠襄军中一载，练习军事。嗣后文忠谓人曰：“吾以为湘军有异术也，今而知其术之无他，惟闻寇至而站墙子耳。”盖时时设备，乃湘、淮立军基础，固异于文忠初办团练时，专以浪战为能也。及陈报军情，军中幕客令文忠秉笔，一挥而就。时主稿者为半通之学子，阅之不以为然，大加删改。文忠贵日，辄述及之，曰：“吾武事弗如也，而谓我握管行文，乃不若彼耶。”盖文忠之文素有奇气，难免有铺张之处、不通文法者，或反以为近于虚报，致成笑柄耳。

三一　学者进身知慎

道光末年，时南人冒北籍者多，得第之后，好为大言，呰北人之无学。某君得高第，辄云：“北人焉能至此？惟恃吾辈冒籍者为之增光耳。”北人憾之，相约中式之后，不为出结会试。潘中丞应道光庚戌科会试，文已入选，因词气勃发，为房官某所指摘，疑非冀土人士手笔，乃黜。中丞自是愤不应考。次年，先文庄纳粟入监读书，登辛亥科北闱乡榜，嗣参张文毅公幕于徽州。粤匪事起，以道途阻隔，屡误会试之期而不往，至庚申始成进士。时中丞方领乡团与贼战，闻之不觉泪下。当时重科举，学者于进身之阶，犹知慎之如此。

三二　平生双四等，该死十三元

湖口高碧湄大令心夔，先文庄庚申会榜同年生，久馆故尚书肃顺家，待之厚。庚申殿试，肃顺方握大权，素爱才，以大令为国士，必欲得为状元。试前密询之曰：“子书素捷，何时可毕？”大令曰：“申酉间其可。”至日，属托监试王大臣，于五句钟悉收卷。以工书者必迟未讫，则违例列榜末，大令可必得第一。然事出意料之外，未满卷者多至百余人，概置三甲，大令竟在其中；而仁和钟雨人学士素不以书名，竟擢一甲第一名。大令先以己未会试中式，复试出韵，置四等，停殿试一科。至是朝考，又以诗出韵，置四等归班，其出韵皆在十三元。湖南王湘绮嘲以诗云："平生双四等，该死十三元。"说者以为有时运焉。

三三　刘秉璋殿试入二甲

先文庄不重楷法，会试中式以后，前辈见其卷楷匀整，辄许曰："可望二甲。"故事，殿试前十名原卷进呈御览，传胪之日，必亲往听命，或幸而移前，不然以违例论，亦置三甲末。剧中言：有阴德者，始或屈辱，已得第而犹未觉，忽闻报到，举室生辉，故作惊人之笔以为快。然其次第，辄言皇榜第八名，以一甲第一至二甲第七之前十名，不能迨后始知也。演剧虽戏事，编者点缀成真，苟出乎例外，则近于儿戏，无人信之矣。庚申胪唱之日，因文庄自揣不在前列，偕友出游西山。归而往询，正二甲第八，仅差一间免至三甲末，亦云幸矣。

三四　张之洞始露头角

胜保颇有战绩，然拥兵养寇为自固之计，与汉唐季世将帅同一恶习。幸当中兴之世，湘淮子弟材勇辈出，又皆儒臣统兵，为之表率。益形末路旗营之劣，而无以逞其奸，遂为士夫所不齿。尤其罪状昭著者，业经逮问，治罪之时，仍以疏请垂帘，自居拥戴之功，胆敢上章自诉，为尝试之计。给事中赵树吉请速诛之。御史吴台寿，乃其党也，为之申辩甚力。御史刘其年旋劾台寿欺罔，并及其兄山东候补道吴台朗黉缘肆恶。同治二年四月，俱奉旨褫职，军政为之一肃。刘侍御疏，为南皮张文襄少年手笔。是岁，文襄举进士，廷试第三名，始露头角。

三五　英翰之幸

湘淮军外，豫尚有宋忠勤之毅军、张勤果之嵩武军，皖则自郤以下矣。英果敏部下，如史绳之中丞、程从周军门、牛师韩总镇，皆著称于时，论其功绩尚在若有若无之间。军营习气，贼去则虚报战事。果敏所当者捻匪，行踪飘忽无定，其击走与自走本无分别，幸未逢劲敌，得以功名终，亦云幸矣。

三六　合肥民团实淮军之先导

英果敏任合肥县时，倚乡绅解某，浑名“解五狗子”者治官团。同时，李采臣方伯率西乡诸圩治民团，实为淮军之先导。官民分两党，各不相下。李部健将，其后有铭、盛、树、鼎四军，隶李文忠公麾下，同时乡曲悉被引用。解部因有宿怨，患不相容，故莫之从。洎先文庄出为将，始招至军。其著者曰解先揩、曰解向华，皆战死；曰黄桂荣，以伤废；曰吴武壮，仕至广东提督；曰王占魁，仕至广东高州镇总兵；曰叶志超，仕至直隶提督。功业盛衰，则有幸有不幸焉。

三七　潘鼎新吃“大锅饭”

张靖达与弟勇烈，居于乡。粤寇过境，乡人咸筑圩练兵自卫。寇众大至，悉众入堡，以死坚守。贼不能久留于小邑，往往为所拒退。寇去追杀，每获辎重、俘殿兵，以论功邀赏，有名于时。同时有周刚敏、武壮昆仲及刘壮肃之圩相近，守望相助。潘琴轩中丞为赘婿于青阳司巡检署，随至庐州府，行无所归，因从李采臣方伯办民团，所谓“吃大锅饭”者也。

三八　叶志超以战得妻

淮军自团勇起，寇至则相助，寇去则相攻，视为故常。叶曙青军门时为解家将，每战勇冠其曹。一日，途遇一女，羡甚，解慰之曰：“汝战若再捷，吾为汝致此。”乃夺而与之。既而知女与张靖达昆仲为中表妹，公然不惧，惟不通往来而已。军门既通显，复为姻娅如初。

三九　曾、胡善相人

援苏之师，早有动议。是时镇江、上海两处，一省中较为完善之区，未决何途之从，主将人选亦不能定。先是益阳胡文忠为曾文正谋曰："用李氏兄弟中一人为两淮运使，以揽盐利。"益阳意中，犹惑于冯子材之言，重在镇江也。及李文忠虹桥之捷，文正闻之，喜可知也。复文忠书曰："昔见君行楷，以为必贵；胡文忠以许负相人法，亦谓君必贵。今果然。"

四〇 湘淮军蝉蜕之始

程忠烈初陷寇中，自拔来归，妻子皆为寇杀，京戏中《铁公鸡》隐指是事，而以张忠愍当之。忠烈反正之后，战功虽著，当是时湘军之锋甚锐，鸡犬皆有升天之望，客籍混入其中，颇难出人头地。适李文忠率淮军东下，求将才于文正，忠烈为桐城籍，乃以其军隶焉，且勖之曰："江南人爱降将张国梁不置，汝往，又一张国梁也。"湘潭郭武壮为忠襄爱将，以勇冠其曹中，同袍忌，蜚短流长，颇有谤言。李文忠常戏曰："某与某争功欤？抑争风也？"旋请于文正，以之自随。华阳杨忠勤，不得志于霆军。鲍忠壮与李文忠同以羁旅在湘军，互相引重，交谊颇笃。援苏军起，荐忠勤往，文正又以亲军二营佐之，当时所谓赠嫁之资者是也。其后程军独树一帜，郭、杨二将先从文忠介弟季荃观察为裨将，既而与淮将铭、盛、树、鼎四军合力排观察去，诸军皆自立，不相统属。论者常哂之曰："铭盛树鼎犹鸟也而无翼，今得郭、杨以为之翼，于是乎飞矣。"湘淮蝉蜕之形始此。

四一　泗泾及四江口战役

泗泾之役，寇众倍蓰于我，程忠烈之军困于中，敌围之数重。未几，援军四面大至，内外夹击，大捷。四江口之役，情形相似，惟程忠烈自外入为稍异。两役士卒曾陷于围中者，厥数无多，其所以能支持许久以待救兵者，未始非郑国魁之功。国魁故为枭，苏枭皆庐州籍，是时多从寇，与之相习，本无决斗之志。寇将渺视我军之微薄，可不劳而获，督战亦不力。古人所云“一可以敌十，十可以敌百，百可以敌千，千可以敌万”者，胥有所以然之故，非尽一与一相当，不两立之情也。

四二　曾国藩谓刘秉璋为“皖北人才”

李文忠与先文庄旧为师弟。文忠奏调至军，疏曰：“刘某沈毅明决，器识宏深，与臣为道义交十有余年，深知结实可靠。该员去冬由安庆经过，督臣曾国藩一见，大加器许，谓为‘皖北人才’。臣今统军来苏，曾国藩允为奏调臣营，学练军事，昨又函催臣自行奏请，可否饬赴臣营，酌量委任。”上许之。观此可见平素之好。然观文庄在淮军，与文忠意见殊不能相惬，曾、左二公反时露招致之意。江浙肃清后，文正拟令统老湘营；东捻平后，文襄拟奏保为晋抚；皆辞勿就。文庄常曰“老湘军已成之局，晋省偏西之地，是时无重要军事，不能舍易取难”云。

四三　淮军之战福山

淮军与寇先战于上海，三战皆大捷，威声甚振，进规苏州。程忠烈率开字营，向昆山一路；李季荃观察率大军，与周氏昆仲盛字营，向太仓一路；铭、鼎、树三军人数无多，驻浦东防浙寇，备后路。先文庄募军征浙西，方集兵力，未任战事。

是冬，常熟寇将骆国忠、国孝兄弟，皖籍也，以常熟、福山降。李秀成集江、浙两省寇众，围攻常熟不下，别遣兵自江阴复陷福山，绝其通水之路。文忠以常胜军配先文庄，载以轮船三艘，溯江往援。当是时，华尔已去，戈登未来，统带未得其人，叫嚣不听令，岁终中道而还，文忠患之。

适潘琴轩中丞及刘壮肃、张勇烈三人至沪贺新岁，文忠令各分兵千人趣救，使黄武靖率淮阳水师翼之以前进，文庄仍护之行。登陆集众，议攻取，壮肃曰：“贼脆弱不经战，直前搏击，擒捕鼠辈耳。”中丞曰：“取福山守兵易，御常熟援寇难，不若翻墙子之为便。”翻墙子者，先筑一垒守之，再前筑一垒，移后垒之兵于前，更调兵守后垒，如是者回环不已，直向敌垒而进，立于不败之地，古所云“步步为营”者是也。壮肃曰：“吾当援寇。”中丞曰：“公战不胜，吾属危矣。”壮肃曰：“吾不克援寇，而能归见公耶？”乃战。常熟援寇果大至，壮肃败退。寇出鼎、树两军后，沿堤漫野而来。两军屡经大敌,虽腹背受攻,殊不惧怯,勇烈奋身出战,肘中流矢,督兵益力御。文庄自与潘中丞并马,率健儿数十骑,由敌兵密集处冲出。方离敌营,中丞一僮坠马,大呼。中丞略驻马足,回顾叱曰:“上马!”乃挟之还。遇壮肃于途,作蹲地喘息状。文庄哂曰:“省三胡不打?”壮肃曰:“打一个鸟。”此合肥土语也。鼎、树两军,皆自围中拔出,故死伤独夥。寇多相识,亦调自浦东防地,与官兵遇,辄唾曰:“奈何复遇于此?”

未几,戈登率炮队至,轰福山城,倾一角,寇惊惧遁,我师追之至谢家桥。福山、常熟相距四十里,此其中道也。寇忽筑营墙。我军略顿,亦自为垒。夜使人探,则墙仅一面,作新月式,为掩蔽逃归之用,寇已尽走。探至常熟止,则数万之众一时皆走。寇众征自江、浙各地,时左文襄在浙连克各城,寇不得不还自救。观此,乃知曾文正督办四省军务,以左文襄援浙、李文忠援苏、沈文肃抚赣,同时并举,使寇首尾不能相应,乃善策也。是役,诸将同里闬,皆能同仇,师克在和,故能以少击众而获成功。

四四　淮军将领张树珊之死

张勇烈以勇著,靖达善谋,相得益彰。当团练时,常随官军追寇于太湖,寇忽反攻,为所乘,勇烈大呼曰:“吾兄若弟,吾辈将束手就缚乎?从吾者来!”乃驰入寇军,决死以斗,寇走避,乃反败为胜。福山之役,刘壮肃以断寇援兵自任，既而不能，我军半陷围中，勇烈大呼如前，未几，中流弹。是时，先文庄尽护诸军而行。文忠奏报中皆言“据编修刘某函称，当仓卒之中，漏未之及，勇烈终身以为憾”云。

四五　李鹤章观察太仓被诈

李季荃观察军至太仓，寇将蔡元隆降，居间者为吾乡黄某。元隆要索另编成军，给都守、千把等职，且切询事上之道。黄某以“拜门”劝，元隆曰：“‘拜门’奈何？”黄某曰：“汝有物则献之，汝有财则与之。”元隆曰：“如是焉尔。”黄某曰：“诺。”

次日，官军以赏赉之冠服往，使黄某赍至寇营，见甲寇戏以顶戴强加于乙寇之首，乙寇弃之于地。会丙寇经过，观之，又掇起，欲试诸丁寇，丁寇逃走不受，其余之寇竞取冠服互相戏谑，略无诚意。黄某贪利忘害，自鸣得意，归弗以告。

至受降日，观察整队出迎，至一箭之远，闻敌队中有人遥谓之曰：“但患汝逃耳。”始知其异，而敌已杀至，措手不及，大败奔还。寇自后尾追，士卒死者七八。观察左右之童子军，皆幼弱未成年，从不给饷，是役死伤略尽，器物遗失无算。文忠闻报，调开字营军往援，令先文庄监战。文庄驰抵太仓，程忠烈甫至，促之进击。忠烈曰：“李观察已不能军，我队伍未齐集，不敷分布，且宜有待。”文庄曰：“李观察虽失利，自将弁以下耻为贼所卖，急于一试，足当一路，愿公勿疑。”忠烈许之。翌日攻城，寇甫接战即遁，遂克太仓。

先是，程忠烈致李文忠书，言李观察军死亡四五千人。文忠见文庄而问焉，文庄笑曰："殆有千百。"文忠调侃其弟曰："或言四五千，或言千百，是大败也，不可讳饰。"观察退谓文庄曰："吾未向公乞烧埋银两，何诬至此？"文庄曰："如其为诬，则言四五千者大诬也，言千百者小诬也。吾今小巫见大巫矣。"吾家与李氏世有交谊，文庄与观察少同学于李封翁。一日，观察袭抄旧文，为封翁所知，呼之前，至，将扑责之，文庄亦随至而为之请，会封翁有客来，乃免之。观察与文庄夙相好，戏狎无忌，故问答如此。

四六　军营报告不足凭

太仓捷书至，文忠读之喜，谓文庄曰："杀寇数万人，可以偿吾将士之命矣。"文庄未答。文忠复问之，文庄曰："吾方思所见，吾于南门坡下见一寇逃未出，死于途。他无所知，不敢诳报。"文忠笑置之。盖军营报告本不足凭，败后铺张胜事，为免罪图功之计，尤为惯技，亦文忠所明知也。其后湖州之役，文庄身当前敌，不肯轻战，俟后路军队布置齐备，无隙可乘，始进兵攻城，寇先弃城遁。李质堂提军尤之曰："公若早发一炮，即可报捷。"于此，可见当时习气。

四七　淮军乘势劫掠苏城

八降王既诛，寇党惊扰，与官军混战。奈渠魁已死，如蛇无首不行，乃应手而灭。士卒乘势劫掠，满城大乱。文忠呼程忠烈字责之曰："方忠，汝自谓纪律佳，今若何？"忠烈骑马出门，游行街市，欲定众。遇其部下营官行于桥上，左右手各携一妇。忠烈愧极，下马凭桥栏呼曰："吾投水死矣！"营官急挽之，且长跪谢罪乃已。

四八　李鸿章与丁日昌之藏书

苏城劫后，古书旧本，悉归丁雨生中丞持静斋。而以殿板《十三经》《廿四史》《九通》《佩文韵府》《渊鉴类函》《骈字类编》《全唐诗文》之属，悉辇至李文忠处。中有碑单张四箧，或告文忠，言文字多泐，荐某甲善于描补，终日为之整治。识者见之，毋不匿笑。谓文忠与中丞相提并论，有雅俗之殊焉。然文忠于赏鉴非其所长，纵有误解，亦君子之过，不足为盛德之累。中丞收藏，颇有言其"取之非其道"者。即以藏书一端言之，固不宜与文忠相提并论也。

四九　女尼与西洋春册

中丞以知县失地褫职，投效苏营，不数年，荐升方面。苏人以其熟于洋务也。俗谓外人为"洋鬼"，遂称为"丁鬼"。刘壮肃将游惠山，是时大乱初平，女尼极盛之时也。中丞闻之，正色曰："公以提镇大员，乃有此行，毋乃为人所哂。"壮肃怒且笑，呼其字曰："雨生，汝胡忽作此言！汝初至军时，日以西洋春册赠吾偏稗（裨），猎取保案，而忘之耶？胡忽作此言？”当时军中传为笑谈。

五〇　丁日昌投机不售

中丞洋务进身，购置军中器械，尤为炫人之具。当时风气未开，信为难能而可贵。淮军初习陆军操法，先文庄曾手订成书，附图一卷，所部亲庆军中，奉为秘籍。辗转而为中丞所得，刊布于外。军中知其剽窃，然以为无足重轻之故，莫与争也。未几，神机营改用新法，征求是类之书于李文忠，中丞装潢以献。文忠夙知此事，笑而谢之。中丞变幻仅止于此，久而其技不售，宦途中殊不得志，复献策移江南制造局于江西湖口，希为赣抚。一日，执邸抄于手读之，见先文庄简江西布政使，自知无望，叹而弃置不观，未几遂卒。

五一　李鸿章克常熟

《汉书·韩信传》：“信击魏，陈船欲渡临晋，而伏兵从阳夏以木罂渡河。”服虔曰：“以木柙缚罂缶以渡。”韦昭曰：“以木为器，如罂缶也。”师古曰：“服说是。罂缶谓瓶之大腹小口者也。”（按：服、韦二说皆是也，以木作桶，如罂缶形，入水能浮；用木为柙，约而联之，盖之以板，则如筏矣。）

常熟之役，李文忠亲在行间，介弟季荃观察为主将，郭武壮当前敌。寇因苏州之杀降，誓死以守，环攻不下。戈登率常胜军至,以巨炮轰击,城西北角陷一罅,城濠深不能渡。戈登令工程队出大铅筒,如枕之形,长丈许,围约二三尺,加板于上,广如其筒之长,如是数十具,两边各有钩环。先推一片入水,继以一片钩搭相连。铅筒入水有浮力,推之转动如辘轳,直达彼岸为止,以当浮桥之用。郭武壮率师将入,守寇殊死战,我军败回。城中以土石塞缺口,备御益坚。适先文庄至,闻之,谓观察曰:"吾为公悬赏,先登者得勇号、黄马褂。可乎?"观察叹曰:"孰无是二者,而谁肯尽力耶?"入见文忠,文忠曰:"得人者兴,失人者衰。程方忠死而士气馁,甚矣。"文庄曰:"是何言与!公自能军,传一令下,明日必克,孰敢不从!"文忠召程忠烈部下刘士奇、王永胜至前,问曰:"而以程方忠死而不力战与?"皆对曰:"未奉命故也,其敢不从。"翼日二将各执一旗,上书"不怕死"三字,随常胜军浮桥而上,遂克常州,擒陈坤书。

方事之殷也,赫德自上海往见文忠。引至战帐,甫坐股栗不止,文忠笑遣之,而时向人言及,曰:"谓西国人人能战者,非通论也。观此而知古人所云'人各有能有不能'之说,益信。"

五二　嘉兴之役

浙西之师,先文庄与忠烈各当一路。文庄率师自松江行,即今之沪杭铁路线也,连克枫泾、西塘。至张泾汇,值巨港,兵不得渡,自往阵前视之,中流弹。将士奋往,卒克。济师嘉善、平湖已在掌中。平湖寇将号陈翘胡子乞降，文庄自率军与鼎军往受之。嘉善寇将号陈三木匠降于程军部下之华字营。遂至嘉兴，军城东南，程军西北。忠烈与文庄约：晨取要隘，日午攻城。文庄先得要隘，按兵未动。至日昳，忠烈军始近郭城，寇惮其炮火之猛，悉力拒战。文庄乘虚而进，前锋黄桂荣相视城砖微迤之处，斜步直上，诸军继之，后至者梯而登，乃皆入。我军有淮扬水师，水陆并进，城河深者令之渡师。先一日，水师舳舻相接以待。忠烈战不利，咎其不便于行。水军主将李质堂军门变阵容，船首行列如平地，程军欲前，城上投枪弹矢石甚盛，仍不得进。及东南陷，寇奔出，忠烈大喜，衣黄马褂，督队将往，疑城未破，恐中奸计。军垒之上本留一孔，常以觇敌，因立其间以视之。寇未及去者，群见而射击，中其颅，未几伤重，遂卒。是役虽战胜，失一大将，如忠勇公多隆阿之于盩厔，可以死，可以无死，死伤勇焉。

五三　程学启自决其创口而死

果报之说中于人心，往往于疑似之间，示人以神妙之迹。程忠烈之杀八降王也，军士乘之而大劫，李文忠咎之曰："君亦降人也，奈何遽至于此？"及克嘉兴，微有不慊于文忠，伤重呓语曰："君亦降人也。"因自决其创口而死。当时之人，咸谓降王索命也。

五四　吴长庆终身之恨

吴武壮初从解练入淮军，隶先文庄部下。先文庄素识其封翁，倚为腹心，缓急可恃，军中辄予以重任，升阶较速而最早。甫克嘉、湖二府，保案擢副将。李文忠哂曰："君部下庸者，亦得戴红顶耶？"武壮终身以为恨。淮军将领无不倚文忠为重，惟武壮独自立异，结交朝贵以为攀援，罗致文人以通声气，然终不能至方面。当日文武异途，固为一大原因，究竟黜陟进退之途，于人心天理之公，其时尚有得半之道，故同治而后，犹称中兴焉。

五五　潘鼎新以权术待降将

受降如受敌，降人力屈，不奋斗以求生路，而俯首归命，当时必有以说动之者。既而，所欲不遂，心怀怨望，不善处之，则变生肘腋而不可测。平湖寇将陈殿选，归顺文庄部下亲庆军，及潘中丞琴轩所部鼎军实往受降，吴武壮先帅两营以进。钱荣山总镇玉兴时为寇目，密告文庄曰："殿选降后，辄有怨言，常自语曰：'孰为翰林学士？孰为道台？勿谓吾刃不利也。'"文庄以语中丞。中丞曰："彼部下将有变，待吾一言为轻重，尚不知彼刃利与，抑我刃利也。"次日，降部大哄于城内，杀殿选。官军营于城外，严为之备而坐视不动。俄而玉兴率诸寇目来谒，献殿选首级。文庄与中丞坐帐下见之,其喜可知。中丞佯怒其擅杀,责斥甚久,旋经文庄解说,始允赦其罪。遂入城,检视府库,尚余六十余万金。以训钦先伯暂护县令,抚慰遗黎,旬日乃安。玉兴自此后从文庄军,曰:“潘公责人无已,我愿事公。”其后积功补四川重庆镇总兵,署四川提督。闻文庄每道及此,辄曰:“权术可用也,而不可多用也。”

五六　湘军劫掠金陵

金陵围攻不下时,苏州已克。朝旨令淮军助战,李文忠迁延不行,显然让功之意。及大功告成,文忠至金陵,官场迎于下关,文正前,执其手曰:“愚兄弟薄面,赖子全矣。”方诏之日促也,铭、盛诸将咸跃跃欲试,或曰:“湘军百战之绩,垂成之功,岂甘为人夺?若往,鲍军遇于东坝,必战。”刘壮肃曰:“湘军之中,疾疫大作,鲍军十病六七,岂能当我巨炮?”文忠存心忠厚,终不许。将卒皆知其事,文正益感不置,故云然。金陵克后,首功李忠壮臣典,未及受封而卒于军。相传忠壮少年恃壮,一日夜御十八女,事虽无据,然近人纪传多隐约言之。曾文正公报捷,奏称“我军杀敌十余万人”,则子女玉帛悉为所有,可想而见。国变之后,北军南下,仅大劫三日,舆论指摘,不遗余力,可谓人苦不知足,时势使然,非今人贤于古也。当时功次于忠武(壮)者,萧壮肃及刘南云阁学,解甲家居,遂不复用。虽琉球、越南、缅甸相继失丧,外患日深,鼓鼙声急,朝廷曾未忆及之。可见金陵之役，从军之士满载而归，必有不慊于上心者矣。

五七　李鸿章以扣留欠饷积巨款

湘军于金陵红旗报捷、江浙军务底定之后，文正奏请尽发欠饷，遣散归农。伟哉大臣！谋国之道，善用所长，善藏所短，非他人所能企及也已。淮军自始至终，每年皆发饷七关有半，而南北设粮台，坐收各省解款，先以解款不到而致欠饷，既到不以发饷，遂积成巨款。李文忠直隶总督任内，淮军银钱所专司其事，历王文勤、荣文忠两公，洎文忠复任，犹存五百余万两。文忠逝世，项城用以扩充新军，至六镇之多，南北风行皆练新军，遂屋清社。

五八　曾国藩遣散湘军

曾文正遣散湘军，惟留老湘营。又知先文庄与淮军将领气味不投、终不相合，欲以老湘营隶文庄，领之常驻江宁为防军。致书请于李文忠，曰“将使之淬厉湘军暮气，我亦得日以老生常谈勖之，俾成栋梁之器”云。黄昌岐提军持书谒文忠于苏州，文忠不置可否，私谓文庄曰：“往也，惟此老翁，能致人于方面重任。”时文忠家居拙政园，设宴待提军，值春初山茶盛放，文忠曰：“花如此丽，虽仆婢今日折一枝、明日摘一朵，究无损焉。”提军退而备行具，文庄问何若是之速。提军曰：“昨日之言公不闻与？已示意不欲公往，尚待言耶?”

五九　中兴功臣有古大臣风

中兴功臣,多有古大臣风。金陵克后,洪福已逃出,沈文肃遣军追击,获之。奏报擒斩逋寇,而不言其为首逆之子,亦不铺张功绩。刘忠诚督粤,代理海关,是时监督为旗员著名优缺,岁入无算,忠诚悉舍弗取,并未专折上闻,仅于《京报》中见数月之中,收数增至十余万而已。至丁文诚之斩安得(德)海,彰彰在人耳目,内幕之中尚有人主使,较此犹逊一筹。

六〇　蔡寿祺诬劾恭王

世祖亲政,则夺摄政王爵;圣祖年长,则罪四辅;仁宗继业,则斩和珅;文宗即位,则退穆相;两太后垂帘,则诛三奸;醇王摄政,则逐项城。一朝天子一朝臣,几为向例。恭忠亲王为议政王,不及四载,至同治四年三月五日,编修蔡寿祺疏劾王揽权纳贿、请逮治。两宫召见商城、艮峰两相,朱桐轩、万青藜两尚书,吴竹如、王小山两侍郎,桑柏斋、殷谱经两阁学,议治王罪。两宫言王目无君上,妄自尊大,且云惇王在热河曾言王欲叛,又出于寿祺参本之外,更有背景。时值同治中兴之后,诸臣守正不敢唯阿,上怒稍霁。商城请查实据,许之。越二日,倭相等会议于内阁,召寿祺质正折中

“挟重资而内膺重任，善夤缘而外任封疆”二语，寿祺指出薛焕、刘蓉二人供称闻之给事中谢增。及质讯增，增言本无所闻，且弗曾与人言及。寿祺俯首无词，薛焕犹追问不肯息事，诸臣劝解始已。未几，蓉明白回奏，言：“起自草茅，未趋朝阙，亲贵之臣，不识一面，枢密之地，未达一缄，请严究诬枉根由。”寿祺以是降级，其后终身不用。恭王虽受裁抑，无复议政名目，然仍值枢府，屡踬复起，克保令终，较之前朝重臣则有幸有不幸矣。先文庄于散馆授职后，奉旨往江苏军营。寿祺昏瞶，于朝报亦未之悉，其条陈《军营滥保疏》中波及是事，言“庶常投效军营，保举留馆，实为取巧”。当时以事实不符，均不措意。及至文庄赣抚入觐，遇寿祺于江西公宴，调之曰：“某散馆授职后即奉命出征，在本衙门日浅，于诸前辈多未奉教，向慕不置。”寿祺时已衰迈落托，无复人形，唯唯而已。

六一　陈宝箴之虚誉

陈右铭中丞，治乡团，御粤寇，嗣在京为殉节者请恤，义宁一州，多至三千人。刘忠诚抚赣，虽知其粉饰，以中丞当时清望，无如之何也。中丞洊升府道，军中保案，无足深论，《清史稿》称其走湖南，参易佩绅戎幕，拒走石达开；之江西，为席宝田画策歼洪福，是以保案为功业。中丞有知，谅不乐于有此虚誉。

六二　李鹤章沉毅之性不如曾国荃

李季荃观察在淮军，与曾忠襄之在湘军，皆以统帅介弟之亲，将兵独众。忠襄犹能成功，其后在鄂虽小有波折，亦克自振。观察竟不能终始其事，固由于淮军之团结力不若湘军，致遭排挤，抑亦观察沉毅之性不如忠襄，遇有艰阻，不能坚持故也。

六三　曾、李二介弟高下之分

曾忠襄处事坚决，有过人之处，固已，其将才、勇略、学识、操守未见出于李季荃观察之上，而勋业各相迥殊者，更有遭际不同之故。军中卤获，自古所不能免。将门之后因以致富，以晋之石崇为最知名，余可类推。淮军所得俘物，以充军实，按诸奏报，较湘军为多。湘军将领富有赀产，颇流露于《湘军志》文字之间。然淮人吝啬，染商贾之习，颇用以营运，与民争利。不似湘人仅供浪用，如蒋湘南方伯，一夕而尽丧其历年所有，无损于人也。曾、李二介弟高下之分，固有地理风俗关系存焉。

六四　淮军之欠饷

文忠至苏，鲁白阳管淮军粮台，使其弟求见于先文庄，述其兄之意曰:“顷见李抚帅,抚帅曰:‘粮台何难于应付?惟李观察、刘学士不得罪焉,可耳。’今李公座营八、公座营六,皆发足饷可乎?”李观察谓季荃观察,刘学士即谓文庄也。文庄曰:“不可。如我座营得足饷,余营皆不得,则不为我用,是自损军力十之七也。请从众。”

东捻平后,文庄乞解兵柄,求其饷于文忠,争持累日,乃得三关半。时欠饷经年累月,文庄无已,悉移交于继统是军之吴武壮,归洁其身而已矣。当时风俗醇厚,军士罢役回籍,待饷不得即去而之他,值军务未平,尽有去处,尚不生事。

粤、捻两役肃清,潘中丞顿军徐州,犹染旧习,迁延不予,军中将拥营弁鲍某为乱,地距亲庆军不远,吴武壮驰骑晓谕。大率同府县城之人,非亲即故,薄给以赀,悉散去。其后鲍某潦倒已甚,遇武壮,尤之曰:“非汝,则我黄袍加身久矣。”

六五　李鸿章衔恨鲁白阳

鲁白阳久不得志,知左文襄与文忠意见不协,乃悉以淮军粮台帐簿挚送于彼。文襄曰:“吾属皆军人,奚肯以此中伤同类?”时人皆服文襄之度。白阳后需次于直隶,文忠衔之甚深,屏弗接纳。白阳朝夕站班,使文忠均见之。如是者年余。文忠怒骂曰:“趣行,毋溷乃公!”给以省外一差而遣之。时人更钦文忠之量。后十余年,白阳贿得上海道,未几，事发解职，落拓不能自活，双足挛肿，复不能行。又如是者数年，适值文忠至京议和。上书不答，翌日，白阳以两役掖之，行至文忠所。文忠怒骂，两役惊惧走，遗白阳于地，号咷乞恩。此亦官场之异闻也。

六六　郭善臣与金学亭

郭善臣军门，出身于陈国瑞部下卒伍，以事触其怒，缚而悬之于门外。时金学亭军门亦在其军，令立而守之。自饮酒毕，倚胡床而卧。郭体肥，不胜其苦，叹曰："俟彼醒而释我，吾死久矣！"金怜之曰："纵汝去，则我应代死，曷若偕行？我无家，途中呼汝为父，汝呼我为子，免人疑问，何如？"郭欣然允诺。逃至凤阳见郭母，郭母曰："恩人也，汝辈年相若，何得称为父子？曷结为兄弟，皆为我子。"于是改姓郭，名运昌，从兄复入伍，积功至提督，乃复姓金氏。

六七　落职三将横行不法

李世忠、陈国瑞、詹启纶，落职后横行不法，无复顾忌，中兴之世，良为罕见。世忠故为匪类，国瑞从僧王久，启纶用兵在淮徐一带，多与旗兵相处，放恣之性，不知法纪为何物，抑习染使然。其后世忠、启纶皆得罪以死，国瑞远戍不返，乃其宜也。

六八　曾国藩拒交钦差关防

曾文正为钦差大臣剿捻匪，先文庄为襄办，献守运河之策：作长墙于岸，限止马足，使不得度，圈之于一隅。李文忠署江督，力争不可，手致文庄书云："古有万里长城，今有万里长墙，不意秦始皇于千余年后，遇公等为知音。"文庄将万人渡河，得文忠牍，言饷缺不得增兵。事事干涉，诸如此类。且时上章，条陈军务，文正弗善也。及师久无功，文忠继为帅，文正愧，弗忍去，自请留营效力。文忠至军，亟取钦差关防于文正所。文正曰："关防，重物也；将帅受代，大事也。彼弗自重，亟索以去，无如之何，然吾弗去也。"文忠遣客百端说之回任，弗许。或为调停曾、李计，言乾隆时西征之师以大学士管粮台，位与钦差大臣相埒。文正故作不解，曰："何谓也耶？"文庄曰："今回两江之任，即大学士管粮台之职也。"文忠又私告曰："以公之望，虽违旨勿行，可也。九帅之师屡失利，不惧朝廷谴责欤？"文正遂东归，自是绝口不谈剿捻军事。文忠代为帅，亦无以改文正扼河而守之策。

大功告成，文忠疏请加恩从前领兵大臣，文正得加一"世袭轻车都尉"。闻之大怒，谓江宁府涂朗轩太守曰："异日李宫保至，吾当为之下，今非昔比矣。"

六九　郭松林臼口被俘

臼口之败，郭武壮为贼擒，全军覆没，陷俘虏中。贼不知其为统将也，有降卒纵之出，乃得免，旋乞病归。次岁再出，招集旧部，声势复振，克以功名终。综其生平，战绩皆与李文忠俱也。

七〇　尹滗河战役

霆军多容游勇，平时仅给之食，有额则补为正兵。战时常令游勇当先，胜则大军继之；不胜，贼与游勇混斗已久，纪律必乱，乘以锐师，往往克捷。尹滗河之役，纵铭军先战，以当游勇，谑而虐矣。壮肃弃冠而走，鲍忠壮得之，牒于文忠曰："省三殉矣。省三得头品顶戴，穿珊瑚细珠为帽结，以示异于众。今获于贼手，其殆死乎。"文忠与忠壮，皆以异籍处湘军，互相友好，忠壮出征，文忠在文正幕中，辄为之内主。暨是役之后，文忠与忠壮不无遗憾，《朋僚函稿》中语多微辞，殆有由也。

七一　曾国藩驭将之小节

先文庄率师追捻于鄂、豫之交，逢鲍忠壮，当时各军遇于某所，主帅固宜知之。他日见曾文正，文正问曰："见鲍春霆欤？”曰：“然。”文正曰：“穿黄马褂耶？”曰：“否。”文正诧曰：“何欤？”曰：“客先问主人，有黄马褂子也无？因知其无，而易着他服。不以其所有，形其所无，客敬主人之意也。”文正曰：“叙战功欤？”曰：“主人仰客大名，幸得一见，将谦让之不遑，岂复有可叙之功！客因主人口不言功，而不言己功，亦客敬主人之意也。”文正大笑。观此可知，驭将之道，虽在小节，亦不可不知之，审而问之详也。

七二　倒树湾树军失帅

树军在江苏，每战克捷。靖达、勇烈昆仲意见渐不合。靖达乃就徐州道任，解兵柄，专属勇烈。移军征捻，曾与周刚敏一军同时奉命，属先文庄相度调遣。潘中丞谓文庄曰："淮军'二海'，既不能令，又不受命，吾为子虑之。"既而，两军皆避道而行，无从指麾，当时游击之师，亦无处捉摸也。臼口败后，诸军闻捻踪在鄂，群趋往援救。文庄与树、盛两军遇贼于汉、黄之间，刚敏先见，曰：“往日贼逢我军，走避之不暇。今入鄂境，彼连战皆捷，乃敢直前决斗。必有以惩之而后可。”约次日合军迎击而去。至定昏，刚敏遣人来言，贼与树军一遇即走，海柯未回营中。文庄不知何谓，时两营相距约十里程，率两骑执烛往就询之，曰：“海柯未回营，曷故？”刚敏曰：“阵亡矣，军中讳言之，故云然。”翌日驰往视丧，其地土名曰“倒树湾”，事有先兆，理或然欤。勇烈部众三营追贼，中伏，勇烈以一营当先，一营当后，而自居中策应。以千五百之步卒，当数万人之骑兵，如卵击石，诚非战之罪。勇烈就义时，外着军服，内衬湖绉短袄，身受两伤，一矛刺腰际，一刀断喉，意揣中矛坠马，贼见衷服，知为将领，因而害之。勇烈遗骸入殓，面色如生。其后有人疑其为衣冠葬者，闻文庄时为详述如此。勇烈字海柯，刚敏字海聆，故潘中丞言“二海”云。

七三　曾、李相讥

曾文正剿捻，未奏速效。捻入鄂时，曾忠襄为鄂抚，遣将御之。贼骑飘忽，非粤匪凭城据守之比，湘军初逢劲敌，屡战失利。李文忠闻之，不免讥刺。时文正疏中有云：“臣不敢以一战之功，遂自忘其丑陋。”疑有所指。他日，文庄见文忠而告之。文忠瞿然曰：“有是哉？”文庄曰：“是则然矣。”命取邸钞视之，果也。是后，文忠谈鄂事，亦稍稍慎之矣。

七四　小河溪战役

捻匪自初起以迄于亡，均以抄掠为生，不与官兵战，追之急，则择一平原之地，面有深河以为之蔽，背倚于高阜以为陷阱。贼匿阜侧，先以残兵羸马诱官军渡河。既渡，军稍乱，乃纵骑出击，驰逐过河，迫之于平原，蹂之以马足，虽有猛将精兵，罔不挫败。臼口、麒麟凹、尹漋河之败，胥由于此。先文庄率所部亲庆军至鄂，与杨忠勤之勋军追贼于小河溪。入镇，无镇焉者。忠勤曰："去远矣，速追勿失。"钱玉兴总镇时为探路员，谏曰："灶突尚煖，贼离未久，宜慎之。"弗听。未几，勋军中伏，总兵张遵道等皆殁，军士死伤强半，贼挟溃卒，且着其冠服，汹涌而下，兵匪莫辨。时文庄在镇中，闻之，使亲军哨弁吴建昭配以锐卒百人横截之。矛揭其草帽见长发，大呼曰："贼也！"刺而杀之。庆军分统吴长庆，以枪队描（瞄）准射击，每发悉中，贼多殪，惊退返队，勋军余众乃得归。时恶氛渐逼，一末弁请曰："望中有堡，宜据之而战斗。"文庄曰："望之近，行至其处不易。是逃耳，速斩以徇，凡言退者视此。"镇外树林枝干尚密，文庄命工夫植桩于外，移营据守，军中过山炮四尊悉置前方，满装子弹，令曰："待旗举而后发。"时贼伏小山后，出没坡下。江南大营旧将况文榜，时为后军分统，请曰："贼凶狡，可诱而致。"许之，遂率所部驰往搜索，往反二三合，奔而回曰："贼至矣。"文庄严阵以待，令曰："贼百步告我。"及贼近百步，又令曰："再二十步告我。"须臾，令旗一举，弹子横飞，如雨雹骤下。贼万马密集，长矛齐举，望之如春笋，经炮火一震而全倒，悉骇遁。文庄率师，凡与武夫俱者，不自主稿，辄任彼军书记为之。

是役也，勋军报捷，适亲庆军吏亦至粮台领饷，见李文忠。文忠曰："讳败言胜者丑丑。"军吏曰："丑者丑矣，美者自美。"文忠不责也。其后文庄见曾文正，文正曰："臼口、麒麟凹、尹漋河三役，贼胜而骄极矣。小河溪一战，将使彼知其我军之有人。”

七五　铭军大败捻军猛将任柱

李文忠继曾文正为钦差大臣，捻贼扑过河至山东，文忠变通而用扼河之策，反守运河，圈贼于山东境内不得出。铭军部卒有为捻所得者，任柱纵之还，曰：“幸为我传语刘公，吾子年十岁，骑不纯熟，来岁方为越河而西之计，今兹未也。”壮肃亦纵所俘贼，仍予酒食，遣去以报之。赣榆之战，铭军先失利，走匿沟内，适值秋季，正青纱障（帐）时也。任柱奋勇直前追杀，我兵匿沟内者潜伏狙击。忽闻贼大扰，乱言“大王中弹”。未几，前所纵俘名潘贵者，奔告任柱受伤身死。铭军乘势进击，遂获大胜。

七六　刘秉璋、吴氏兄弟与李鸿章

吴伯华、香畹观察昆仲，以乡团从李文忠援苏，隶程忠烈部下，称“华字营”。战比有功，从征浙西，受嘉善之降。时杭寇乞抚，李文忠将受之。左文襄争曰：“越境剿贼，则可；越境受降，则不可。”文忠于是乎止。

先文庄率师过张泾汇，连战皆捷，嘉善已在掌握，华字营遽受寇降书，文庄不悦。嘉兴既克，两军偶有斗殴细故，华字营不胜。未几，伯华观察以事见，随从多人，因而寻衅。门者以告，不免言之过甚。及入见文庄，以军法杖责之。观察颇忿，上书于李文忠，言本朝二百余年从无鞭挞道员之理。文忠曰：“汝读书，尚不知身在军中，当从军法耶？”时同袍者皆乡人，事过劝解，和好如初。既而，徐州道缺出，文忠问于文庄曰：“孰为宜？”文庄曰：“似无若伯华者。”文忠笑诺。观察辞弗受，未几辞归。文忠犹未忍于其去也，偶遇其部下，问曰：“主将有书来与？”对曰：“然。”出于衣袖中。书曰：“李宫保不可与处，汝等趣归耳。”李宫保者，当时军中于文忠之称也。文忠怒，遂与之绝。湘(香)畹观察代统其众，驻扬州。捻贼败于山东，跳而免，奔过六塘河浙军守汛。文庄使马队官叶志超、杨岐珍追之。临行请命曰：“捻行有二路：一之蒙亳寻老巢；一过扬州投李世忠，为求降计。将若之何？”文庄曰：“捻若归皖，羽类众多，千万人一呼立集。吾求解兵柄于东捻肃清之后，早有成议，不能久俟。尔行勿出苏境，若入运河，则吾贺汝絷赖文光归耳。”时贼众尚不下二万，与我军战于淮城东，大破之，擒斩几尽。志超、岐珍知文光在逃，留俘获于清江浦，而率兵穷追。文光仅余数骑，遇闸辄呼曰：“吾官军也，为贼所败，速去板，贼至矣！”及我军追及，几经解释而后得过，遂落贼后。文光先至扬州，舟渡中，小卒跪进金带，称“大王”，为华字营兵所见，擒以献。翌日，文庄至扬，语观察曰：“从此兵革息矣。”谈笑甚欢。

后三日而郭武壮至，争曰：“吾辈耕之，君食之耶？”观察引见文庄而解之，乃已。观察得以道员记名简放，久而未即真除。

文庄简赣藩入觐，过津遇之，与文忠谈及，问曰："香畹活捉赖文光，胡弗得赏？"文忠曰："朝廷忘之久矣。"文庄曰："公昔为帅，而今居相位，何可弗言？"归寓，而观察来，逊谢至再。知文忠左右，必有为之侦视者也。

七七　钱鼎铭释俘

古人常有言："吾活多人，子孙必有兴者。"此为无罪者言之也，若宽纵恶人，不啻养虎，乌得谓之阴德？即论王氏之事，后遂生莽，以覆其宗，奚足为福？叶志超、杨岐珍追赖文光于淮城东，大败之，获数千人，留于清江浦。时钱调甫中丞驻此转运粮饷，悉为之薙发而释之。曾文正曰："至此是尚从不去，皆多年巨憝、人人宜诛者。"其后中丞以头疽死。求福者未必得福，古书当善读，未可尽信也。

七八　李鸿章善调侃

曾文正回两江总督任，李文忠代为钦差大臣。先文庄屡求解兵柄。文忠约：俟军务之毕。及赖文光就获，再请。文忠不许，且百端譬解，曰："古人捧檄而喜，岂有亲在而可以高蹈耶？军务以来，候补藩臬无简缺者，今以学士任方面，上下属望之殷，而可恝然视之乎？"文庄奋然曰："公谓我于区区一藩司之职，万余人之众，而患失之乎？"文忠不可留，乃作调侃词曰："儒者读书，贵能下人。吾昔治团练，从官军战，为敌所乘而失其垒。道逢和禹门，吾下马，向之行旗人半跪礼，禹门欣然下马答礼。是役也，不特未受厥咎，且获保赞善衔。吾固翰林院编修，曾谓清望不若公与。”又曰：“吾辈文人临战，非武夫比。吾昔兵败求死，卧于当道，以阻溃兵之路，皆左右越而去，是其明验也。”时幼荃太常在座，儳言曰：“吾辈部下士气奋发，岂公昔日部下之可比也。”文庄笑。文忠曰：“何笑？”文庄曰：“吾辈部下，非公部下之比，斯言尽之矣。”文忠曰：“吾不若君辈运亨将兵多，故至于此耳。”文庄曰：“然今吾辈亦不若公运亨将兵多，此其所为公下也。”

七九　李鸿章幼弟李翰章

文忠幼弟幼荃太常，曾文正剿捻奏调至营，谓有诸兄风。太常风度洒然出尘，在军手不释卷，尤极好学深思之致。文正师行无功，先文庄以襄办军务，犹蒙其咎。东捻平后，求解兵柄，至再至三、至于四五，乃幸得去。太常自将五千人，益以善庆、温德勒克〔西〕马队八千人，自成一军，原不为少，惟贼踪飘忽，追之过急，则蓄其全力而悉众六万骑，设阱以待；稍涉持重，即终岁不见一贼，弗易奏效。太常由后之说，不为主帅所喜，所部旋改隶别军。赖文光就擒之日，太常虽踵至，已徒手无卫矣，仅论前勋，以运使候补。是时，军中保案，动辄万余人，武职奖札多弃弗取，贱视可知。文职中，以两司候补者，从不获简，至运使三数之缺，太常尤鲜几希之望。军务底定,文忠复避嫌,不为推毂。于是入官则无实授之期,改途又乏出身之路,益郁郁不得志。谑者至劝其复应乡试,太常意动,已而觉其不伦而止。其后至津省兄,郁郁病瘵,遂不起。卒前数日,文忠往视,太常移面向内而不与语。盖先知多忠武(勇)于刘霞轩中丞之事云。《庸庵笔记》载其梦见冥王事,文忠曾述与文庄,言:"冥王迎出,太常入拜,冥王亦拜,皆额至地。"然则冥间行礼,随阳世为转移耶?

八〇 左宗棠看重刘秉璋

先文庄之解兵柄也,并开山西布政使之缺。左文襄示意将请于朝,俾署晋抚,率所部往,当西北路。文庄辞谢之而止。及捻平,西事日亟,朝廷将遣鼎军入关往助,琴轩中丞通书于文襄,文襄复书并不拒却,惟亟言关中非缺兵之为困,而缺饷之为困。书末明言"山头廷尉,请君自择"云云。中丞不敢前往而止。观此两事,可见遇合之不同。

八一 李鸿章、李鹤章与淮军诸将的矛盾

文忠季弟季荃观察,为诸将排去于常州克复之后,其幼弟幼荃太常旋自行引退于东捻肃清之时。文忠部下,于其昆仲不免寡情,未几,并主帅而欲去之。履霜至于坚冰,由来已久,《易·象》为周公所作,宜其通于政事也。张总愚

(宗禹)突犯畿辅,诏征各省援兵。淮军诸将悉辞不往,文忠以是拔去双眼花翎,褫去黄马褂。诏至,天方黎明,文忠读而复卧,置之枕侧。晨起,闻诸将咸集,切切私议。出视,郭松林曰:"会兵北上,先取京都耳。"言泄于外,朝廷益疑军中有异志。殷谱经侍郎,以条陈苏省漕粮之事,大受文忠复奏之揶揄,与之有隙,至是昌言:"李氏兄弟大购田地,毗近者悉为所有,几于强取,宜令皖抚抄其赀产。"文忠知之,尤为骇悚。时先文庄已解兵柄,未去,密告文忠曰:"诸将谋去公,显而易见。惟琴轩究竟读书人,可激以义。"又谓潘中丞曰:"吾辈道义之交,缓急顾不可恃耶!"翌日,文忠召中丞至,谓之曰:"见诏书耶?"曰:"然。"文忠曰:"不为我惧乎?"曰:"何惧之有?君之于臣,犹父之于子也,喜则予,怒则夺,抑奚以异?"时赵子方观察在隔室,文忠大笑,曰:"子方,如琴轩言,直风流罪过耳。琴轩,其速勤王。"中丞乃率军行。他日,文忠曰:"吾见插羽驿递于道,急呼问其人将往何所,曰:'致李宫保。'吾心惴惴,以为缇骑至。拆视,读寄谕,潘军已过河,去京不远,私心乃安。"

八二 潘鼎新聪明之误

西捻之平,潘中丞实为功首。是时,鼎军已增至万余人。先文庄解兵柄,所部亲庆军吴武壮继为统帅,数亦万余人。中丞从军于合肥西乡团练,与淮军诸将领素所习处,故能得群策群力,而竟此功。刘壮肃先以勤王迟缓被谴责,托病不出，屡诏征至，甫莅军而收其成，《湘军志》已有微言。天下事有幸有不幸，固如是也。中丞临机应变，善战好谋，有古名将风。法越之役，身当前敌，料其终局归于和议，故不以兵事为意，致误军机，一蹶遂不复起，识者惜之。中丞罢官时，挽某烈妇殉夫联云："你看他末路英雄，大半偷生旦夕；天许尔多情夫妇，再结来世姻缘"，不啻自己写照矣。文庄常言，琴轩最聪明处即其最不聪明处，于斯联亦云。

八三　李鸿章与左宗棠互不相下

李文忠与左文襄，皆命世之英，贱日相遇，各不相下，久之遂生意见。寇、捻两役，适战地接近，益形敌对。淮军平西捻，张总愚（宗禹）投水死，文忠奏报，时朝廷悬一大学士缺，隐然以为赏格。文忠因此得相位，尤触文襄之忌，公然疏言："张总愚（宗禹）未死，伏有隐患。"是后彼此遂不通讯。文襄征回，久未得手，文忠忽奉诏西行助战，笑曰："我军未至潼关，季高必有手书先到。"既而果然。书中先自言其军事办理之不善，次言增兵之必要，末引诗，曰"卬须我友，实获我心"云云。文忠以教案回津，从此音问又绝。至□□平，始更修书焉。

八四　杨鼎勋、刘秉璋同袍

杨忠勤卒于西捻未平前数日，未预论功之典。自曾文正任钦差大臣,先文庄为襄办,诸将故等夷,弗乐为所属,常引避,莫肯从战,此李文忠离间众军之效,得于福元修中丞者也。惟忠勤心怀坦白,始终相随。小河溪之役,勋军遇伏,不至全师覆没者,足征左右提挈之功。当文庄于东捻平后乞退,忠勤曰:“吾不能进退与公俱,他日当辞赏,以见同袍之谊。”至是果应其言。然是役也,自李文忠以下,皆给都尉世职而已。诸军驰逐多年,仅得区区之名义,朝廷酬庸亦孔薄矣。

八五　刘铭传不以生死易交

忠勤故后,一子一女。子聘郭武壮之女,女字刘壮肃之子,皆口允而未行文定之礼。郭武壮立悔前议。刘壮肃曰:“吾不以生死易交。”仍践婚约,且为其家买田筑室于合肥西乡,使安居乐业焉。人多厚刘而薄郭。郭武壮辄自解曰:“少铭不乏赀财,吾与六麻子易地而处,若是者,吾优为之。独是其子失怙,无所庇荫,不知流于何等。吾女终身之事,不敢不慎耳。”“六麻子”者,壮肃少年乡间混号也。当日军中之无所讳惮,称之多如此。

八六　西使觐见清帝之礼节

清史载,圣祖见西洋人,与之握手为礼。盖本于实录,曾不之讳。译本《乾隆英使觐见记》载,高宗见印度总督马戛尼，令行拜跪礼，不可，乃从彼俗。大哉！容人之量，怀远之德，为不可企及也已。流俗相传，乾隆朝英使来朝，请行一足跪礼，许之。及入见，不觉两足俱跪。无稽之谈，犹曰"代远无征"也。同治十一年六月戊申朔，越四日，上御紫光阁，见西洋各国使臣。《桃花圣解盦日记》云："夷酋皆震栗失次，不能致辞，跽敂而出，自此不敢复觐天颜。此辈犬羊，君臣脱略，虽跳梁日久，目未睹汉官威仪，故其初挟制万端，必欲瞻觐。既许之矣，又要求礼节，不肯拜跪，文相国再三开喻，始允行三鞠躬，继加为五鞠躬，文公固争，不可复得。今一仰天威便伏地恐后，神灵震慑，有以致之。"云。（按：英法兵入京后，西人渺视中土久矣，此事为理所绝无。）然记当日情形，又众目昭彰之地，胡忽有斯说，人亦胡以能信以为真，诚百思而弗得其故。文文忠为一代英贤，是时上下不知敌情。李文忠勋业之高，震乎寰宇，惟此洋务之一途，犹为人所指摘。政府之中，主持大计，使邪言不致侵正、众口不至铄金者，惟文文忠是赖。庸讵如市井交易，与外使争较三鞠躬、五鞠躬之数，非徒无益，而且为彼所笑。传之天下，后世岂不诬我文公？斯固不得不为之辨者矣。

卷　二

一　慈禧太后立光绪帝

同治十三年十二月四日，穆宗龙驭上宾，年仅十九岁。前十日已屡濒危殆，宫中议立皇嗣，而文宗无他裔，宣宗诸王孙皆少，无生儿者。贝勒载治，宣宗长男隐志郡王之继嗣也，有二子，幼者曰溥侃，生甫八月，召入，未及立储，而上已晏驾，乃止。宫庭隔绝，莫能详也。

次日，两宫召见内廷行走、御前军机、内务府王公大臣，弘德殿行走、南书房行走诸臣与焉。慈禧皇太后问曰："皇帝宾天，天下不可无君，孰为宜？"皆伏泣，不知所对。慈禧皇太后目视恭邸而言曰："奕䜣其为之。"恭邸悲痛绝于地。慈禧皇太后复徐言曰："汝不欲任天下之重耶？其令奕𫍽之子入嗣。"醇邸亦昏绝于地。惇邸进言曰："然则今上不为立后耶？"两宫如弗闻焉而入内。二王仍昏踣不兴，内监扶置板上，舁以出。

其后荣文忠语人曰："醇邸诚长者，闻其子立为帝，中途辄欲自起，余掣其衣方已。”恭王罢政，醇邸隐执朝纲，果以荣文忠事己不如事其兄，心滋不悦，外放为陕西西安将军，久而始归。旗人居京者专事修饰，衣冠齐楚视为重要之务，迨出都门，无可讲习，放弛日久，归时行装不免减色矣。文忠服饰修短合度，容仪之美冠乎等辈，西征之役虽留滞数载，及返都门，仍还旧观，在当时颇以为一绝。

二　惇王性戆直

惇王如生于乾嘉承平之日，亦贤王也。文宗勤于政事，万几之暇，颇耽逸乐，王心弗善焉。及洪秀全之乱，蔓延不可收拾，朝野咸惧，王悦曰：“非此一震，选色征歌，未知伊于胡底，殷忧启圣，正斯时矣。”文宗崩于热河，恭邸献计两宫，谋诛三奸，皆重臣也，王斥其非。及恭邸得罪，王力为调护。穆宗无禄，谋继统者，两宫谕立醇邸之子，王独陈正义，时论尤以此多之。王性戆直，而治事不若恭、醇两邸之敏，故同一懿亲重臣，未获参预密勿。子端王，弗克负荷，助匪酿乱，王遂斩祀。惜哉！

三　同治末挽某伶联

同治末有某伶者，相传曾为上所幸。伶生于二月初旬，而死于三月中。或挽之云：“生在百花先，万紫千红齐俯首；春归三月暮，人间天上总消魂。”

四　同治宾天之对联

同治宾天，有一联云："弘德殿、广德楼，德行何居？惯唱曲儿钞曲本；献春方、进春册，春光能几？可怜天子出天花。"指王庆祺也。庆祺召入弘德殿，传言在广德楼饭庄唱曲，遇穆宗微行，识之，因之与从行内监交结，遂得供奉。常以恭楷写西皮二簧剧本，朝夕进御。至春方、春册，事本无考，吾国人喜以暧昧之事诬人名节。其后张樵野侍郎、康长素主政得罪，当时亦有是说，未足为凭也。穆宗不豫，人无不归咎庆祺，此对盛传一时。言路闻之，至入弹章，亦足见人言之可畏矣。

五　曾国藩守经，李鸿章从权

左文襄暮年老态，人尽知之。曾文正剿捻时亦露衰象，乃人所未及察者。文正饭后，有棋一局，谓之养心棋。时钱子密侍郎在幕中，谓先文庄曰："人皆让路，是终日与不如己者处也，焉得不愈趋愈下？或偶一截之，则沉思稍顷，必得佳著，于是可见其精气。"时捻氛甚恶，有言及者，辄拱而正色曰："且看他国运何如。"相传龚定庵应试，人预贺其得第，曾以此言为答。文正在京习知其事，故效其所为，以博一笑。阅小河溪战报，问文庄曰："闻贼骑不过三四万耳。"文庄曰："不止于此。"曰："何以知之？"文庄曰："以田中所践禾稼行数远近、精密计算,殆不下六万。”文正回江督任,文庄亦乞病归,同治十一年薨于任所。先一月,致书文庄,约至金陵,且云:“愿送东山之云,出沛敷天之雨。”及见,言及李文忠,出巨擘曰:“奈何与此公相背,今上甚从其言也。”文庄退而告梅小岩方伯,方伯笑曰:“公真衰矣,乃以巨擘指门生。”翌日,方伯又谓文庄曰:“闻卫士言,公舆中口诵《论语·吾日三省》一章,殆指公乎?”文庄曰:“吾始从公剿捻,驰驱数省,颇形困顿,告公,公曰:‘何不默诵书?’既而学为古文辞,以就正于公,曰:‘此默诵书之所得也。’公曰:‘要默诵经书。’公事事引人入胜,此殆默识之功与?”适李文忠亦有书劝出仕。

是时恭王当国,颇受馈遗。文庄至津,寓北洋大臣行辕中,偶谈言之,文忠不顾而言他。次日,天津府知府马松浦太守来见,曰:“奉傅相命,随公乘船观大沽炮台。”文庄于舟中,以昨日之语告之。太守慨然引为己任,其实不过千金之数而已。文庄将出京,向王辞行,王送将至门,仆属耳有所言。王谓文庄曰:“马松浦还费心。”当日受赂甚微,犹不苟如此。于斯益见文正之守经,文忠之从权。然其雄才大略,信足以长驾远驭,后之人不可企及也已。

六　文辉方伯师爷主政

先文庄赣藩前任为文友石方伯,与恭王有姻,性愚暗,不明政务,幕友门丁为政,颇有簠簋不饬之名。刘忠诚偶有谘询，辄对云："俟归，问王师爷。"忠诚忿之甚，辄谓人云："他日吾命戈什以绳系王师爷来。"方伯亦云："彼如命戈什绳系王师爷，吾将使轿班链锁高师爷。"忠诚竟无术处之。忠诚每岁年终密考，加以贬辞，而无如之何。时江督为曾文正，又于密考中贬之，而仍无如之何。文正诧曰："文友石诚大有力，吾两考之而不动。"其后三年，大计以"疲软不谨"四字注之，乃得开缺。

七　江西京官参劾地方官引火烧身

先文庄简赣藩，未出京之先，时江西京官正以地方州县浮收漕粮为词，与本省抚藩互相辨论，因公宴文庄，且请纾民困，文庄诺焉。过津，见李文忠而告之。文忠曰："公失词。夫款项至于十余万，绝无干没之理，意者外销必有须于此者乎？"及履任，查出用途，以学政棚费为大宗，其他零星外销杂费不可胜计，乃知文忠言果不谬，据情详请覆奏。未几，江西京官由胡小蘧总宪领衔再上一疏，愈唱愈高，谓提学使者有养廉，何可滥取之民？且责问"江西岂无一廉吏耶？"忠诚虽以生员出身行伍，然彼时生员非末流之比，文笔正自不弱，方拟稿言"总宪任贵州学政途中有受贿情事，此时在查办中，岂有不取棚规之理！君上之前，不可欺饰也。"语意颇愤愤。幕客高杏村云："似此措辞，近于互讦，无益也。不知胡公之田赋纳也未。"问之新建县知县，对曰："十七年矣，只纳一年。"于是由杏村主稿参奏，其中警句云：

"以五百亩之多,岂无一隅膏壤?以十七年之久,岂无一岁丰穰?"前辈口述如此,今观忠诚奏议,字句稍有不同,似后人增饰之。当时忠诚曾云:"彼曾纳一年,不虑其自诉耶。"杏村曰:"彼恶敢然!"奏入,总宪受处分降三级,同时以黔案处分降四级,至正五品。旋补卿缺,久不升迁,遂致仕。

八　无赖龟竖知县李士棻

李芋仙大令,为曾文正公弟子,嗣需次江右,文正为说项于刘忠诚者屡矣,甚或为之解曰:"闻公买书,欲有咨询之处,芋仙其人也。"忠诚不重文人,卒不遂所请。

及先文庄任赣藩,大令来见,谈及文正,亟出布包于怀,侧身寻检良久,出文正所与批牍,中有奖励之词,若不胜荣幸者。文庄曰:"已矣,勿复言,须后命。"既而以告忠诚,俾署临川县事,忠诚有难色。文庄曰:"彼一愚骏书生,姑令得赀以去耳。"忠诚乃许之。

往,甫及一年,亏空近两万。当时因文庄定新例:知县交代不清,不允到省。大令及门,门者弗与通,大令力扑之,偾于地上,而自登客堂。仆人曰:"主人归卧室。"大令大言曰:"吾从入卧室,如何?"文庄闻之,命呼首县。未几,首县进见,引之客堂中。文庄出,厉色严词责李大令,申斥备至,曰:"汝欠官款,违省例,而强横若此,岂反叛乎?汝在抚州府知府幕客室中吸鸦片烟,行为已极不法,反漫骂知府为龟竖,天下焉有无赖龟竖之知县如尔者乎?"叱出,大令长跪乞宥，不许。命首县先行看管，当治以应得之罪：革职、查抄、监追。既而，或为之缓颊，文庄曰："吾责其交代而已，岂有他哉！"大令闻案情稍弛，复作态曰："是曾骂我。"文庄笑且怒曰："国法，长官骂属下，必面见耳闻、证据确凿者，得降级留任以下处分。我视官如敝屣，惟区区者欲与我相角，不值一角耳。"未几诏下，曰："可会河南省，有应监追而逃走者，吏部定例以后，首县亲视入监。"李大令捧书不语，俯首饮泣。

既而事经年余矣，文庄已权抚篆，屡得李文忠函，为之关说，文庄命缓之，遂逸至沪。嗣文忠书中又言及之，曰："芋仙在申，他日《申报》对公讥刺之词，必不已矣。"文庄复书曰："夜行于乡野，遇犬吠，明知其有嗾之使然者，然不至毁衣伤肤，任之而已。大庭广众，忽逢优伶扮小旦来前，颂扬功德，辱斯为甚，流俗毁誉，何足为凭？"然终大令之世，《申报》中不载诋毁文庄之文。《天瘦阁诗半》在此时期并无怨语，自前至后均未言及罢官事，且全书中绝未见疑似之间有讥刺之处。于此可见，旧日文人尚知自治。大令故后多年，此一段公案屡见报章后幅琐记，于大令当日之事诸多掩盖，而将实情露出一二，并非全出伪托，使人不能不信以为真。料想大令在沪，不敢著之于书。文人狡猾，口舌之间，喜占便宜，不免粉饰，以与人言。辗转相传，承讹袭谬，时或不免。兹纪其大略如此。

九　盛宣怀办招商局

招商局创办之始，揽各省海运。武进盛杏荪观察至南昌，以李相书为介。新宁刘忠诚公开府江右，先文庄任布政使，为之上详。忠诚命司道会议，多以为难行。文庄以李相故右观察，辄言其利便，反复申述。同官中，候补道廖芷汀哂曰："中丞所不许者也。"文庄曰："既中丞之意，曷不早告，奚用多言为!"乃已。及至文庄抚浙，观察来见，已得所请，复以海运例有保案，乞以奖励商局职员。而令照筹饷例，纳其赀之半数。文庄曰："是二折卖捐耳。"笑谢之。然终爱其才，不之恶也。观察以南皮荐授京堂，修铁路，名满天下。常云："苟有见我者，吾能令之赏识。"徐荫轩相国永拒不见，无如之何矣。

一〇　彭玉麟直道而行

李文忠在曾军时，颇受湘人排挤，毕生心中不免有芥蒂。致先文庄书，于左文襄则曰："湘人胸有鳞甲。"于彭刚直则曰："老彭有许多把戏。""把戏"二字，即欧美政客手段。犹惜刚直生于彼时，且生平未办外交，不习精研而一试之。论其本指，直道而行，尚是湘军初起，讲学宗风。查复刘忠诚被参"多妾吸鸦片烟"一折，言多妾因无子，吸鸦片烟因治病。忠诚见之愠曰："是代我认罪矣。"刚直与忠诚乡谊、友谊兼而有之，而犹如此，何况其他乎。

一一　两广总督劳崇光

《庸庵笔记》盛称劳文毅在粤镇定之功。《越缦堂日记》于咸丰甲寅文毅移督云贵诏下注云："闻从英人之请。署黔抚韩超罢任，以张亮基兼署，不见明谕，亦出英人意也。"二书记载不同。新宁刘忠诚由赣抚移节两粤，先文庄以赣藩继任，于其行也，饯之于百花洲。酒酣，同官各有颂词，忠诚起谢，已而曰："闻前任在羊城，每日作乌龟一次，此真难乎为继耳。"时文毅诸公子中，有需次江西者，且适在座，同官为之大窘。

一二　官府暗护洋人

刘忠诚简粤督，先文庄继为赣抚。临行时，问以旧令尹之政，忠诚密告曰："吾闻诸沈文肃。南昌本无教堂，教士偶然一至。每出，则有某把总潜率所属，衣便服随其所往而踪迹之。行不多程，土人未知所以，往观者众，必露扰乱之状。内地居民少见多怪，乍遇碧眼虬髯之客，讥笑詈骂不一其态。因之，无识儿童抛掷瓦石所不能免，市井无赖乘间窃发，有群起而攻之势。外人不通言语，初不之觉，既而微知情节，则已身入重地，必形惊惧。把总及其下便衣兵卒暗加保护，而导之以至县署，乃正告之，令其速离。自文肃至此，抚臣两任，皆以是术抵制外人入境”云。观此，可见六十五年前之外交政策。

把总受秘密任务，颇著能名，长官垂青，常有优差调剂，益觉志得神畅。惟小人欲壑，终无满足之理。一日，忽往见文庄，求退职。文庄召入便室一见，问曰：“久不见汝，而竟衰敝，不复能任事耶？”把总以为未解其意，许其解职，惶遽不知所对词。文庄徐言及他，有顷，曰：“吾以汝为老迈不堪矣。今与语，精神如故，材力犹可用也。往矣，勉尽尔职。宁谓此戋戋者，不足于汝求进之路乎？”把总既退，文庄尝曰：“吾不善用权术，对于此辈，则不能不稍改常度矣。”

一三　中英烟台条约之签订

英人马嘉理，由滇往缅甸，道经腾越，执有护照，沿途所在，照约应为护送。比其反也，被害于途。地方诿为未经知会，而其从人得官兵号衣作证，以为官民合计谋杀。英使威妥玛与译署议不协，下旗归国，道出天津，见李文忠。督抚衙署体制，由门役达号房，由号房达门房，由门房达签押房，非有贵客，各处未必一见即行，常有阻滞，于是门外之客不免久候。时值夏令，威妥玛曰：“不能杀我，殆将暍死我耶？”怒而行，遂往沪，使其参赞某稍留，复约会晤。谈及滇案，诿罪于官，虽岑襄勤亦遭波及。李文忠意轻参赞，词意不甚恭敬，谓其情节未必确实，而合肥土音，此老一生不变，曰：“汝谎。”译者以辞害意，遽责其欺。西俗以谎语应堕地狱。参赞怒曰:“公奈何厥口诅祝!”亦负气去。未几,译署使赫德尾追而至,跟踪至沪。威妥玛不欲回津,李相不允赴沪,乃折中而有烟台之约。宾主一堂相聚,前嫌顿释。威妥玛约文忠登英兵轮观操,其时吾人于外情尚未深悉,且先有叶名琛登轮一去不返之鉴,深入人心,从者咸请辞谢。文忠毅然而往,不稍游移。临别,威妥玛执其手曰:“吾今服矣。”文忠此举固有定识,而随员中有丹徒马眉叔,通达中外情势,颇有翊赞之功云。

一四　李鸿章英雄本色

李文忠生平以洋务受谤,固由于吾国人之昧于大势,抑亦西人不知内情,过于崇奉之故也。

伊犁之役,戈登远至,文忠欣逢旧雨,欲举阃外以相属,戈登许诺。俄人抗议,戈登愿脱英军籍,而外交政策无如之何。出观队伍,喜盛军,曰:“率此以往,足以御敌矣。”戈登者,客将也,先引至译署,将加重用。当时王大臣十余人莫有所主,惟视恭王言动为进止,王一启口则群声相应,无一语得其要领。戈登怒归,谓文忠曰:“速予兵五千,先入京清君侧,再议西征。”于是不欢而去。

穆宗宾天,以无嗣子闻于外,法使热福理曰:“不如李某为帝。”虽属空谈,不免流露。其后八国联军至京,深恨吾国攻击使馆之不道,有言立曲阜衍圣公为主者,有言立明后者,究以不当,事情而旋止。瓦德西至,见吾国无衅可乘,使德璀琳谓文忠曰:"各国军舰百余艘拥公为帝,可乎?"文忠笑谢之而罢。以此言之,匪特吾人不知敌形也,敌人欲知吾国虚实殆亦不易。惟文忠为能知之,故任何笑骂不失英雄本色。不然使人耳而目之,曰:"此欲为帝者也。"其将何以自容哉?

一五 彭玉麟谈葛毕氏案

葛毕氏案发,先文庄时为赣抚,居南昌,前抚刘忠诚在任。彭刚直出巡,每至湖口,必绕道之省一行。及是复至,曰:"南昌非吾汛地也。往日因访岘庄来,今当公任,过而不入,公其以吾为简矣乎?"文庄留之饮。

刚直居杭久,筑室西子湖,与俞曲园为姻,知时事甚悉。谈及葛毕氏,曰:"葛毕氏,人尽夫也,非杨乃武一人。葛品连任其所为,本无取死之道。然乃武虽不杀品连,品连实因乃武而死,盖有由焉。先是,乃武狎葛毕氏,往来甚频。杭人多楼居而临衢,一日,乃武与葛毕氏坐楼上,适钱塘县夫人出,舆从甚都。乃武戏谓葛毕氏曰:'是奚足奇?待我得乡举,拣选知县,汝杀而夫,从我履任,汝即肩舆中人也。'未几,乃武果中式。榜后填亲供、见师门、酬贺客、打抽丰,终日碌碌,尚未与情妇相见。葛毕氏惟记前言而乐之极,竟不及待,而致品连于死地。杭人以品连死为有异,且无不知葛毕氏通于乃武之事,以乃武为主谋,知其当然而不知其所以然,问官以此定案。不幸品连受鸩之日,正当乃武会课之时，狱词稍有罅漏，一经部驳，无从掩饰，全案皆翻。都中士夫言事，多偏于理，而未审天下事出于理外者，正自不少。适丁文诚入觐，颇持正论，终不能解铄金之众口。此则自宋以来之通病，而毋容讳言之也。”

一六　鸩死而使无迹之法

彭刚直谈葛毕氏案，任筱沅中丞时为江西提刑按察使，适同在座。先文庄曰：“葛品莲覆验无毒，苟鸩死而使无迹之法有诸？”中丞曰：“有之。吾为县令时，遇一谋害亲夫案，查无实据，既判无罪，行将释之矣。夫弟上诉不已，省署发县复鞫。吾百思无术，乃呼犯妇入内室，屏人，令夫人密语之，曰：‘兹县令与汝为同舟之人矣，果得其情，汝判罪，县令随之落职。汝曷以实告，俾共图之？汝夫为汝与奸夫毒死，确乎？’犯妇良久乃曰：‘确也。奸夫市砒八两，令每日于食物中下一分，不及半年而毒发。’药性由渐而入，故验之不得云。”中丞又曰：“至此，吾亦无如之何，不得不为之秘密矣。”文庄曰：“然则夫弟不将反坐乎？”中丞曰：“定例：死罪反坐减轻。”坐客皆嗟叹不已。

一七　奸妇侥幸得脱

同时江西有谋死亲夫之案，与此相类。有与妇通而鸩其夫者，其致死之处在死者之家。刘忠诚公任内，奸妇判不与闻定案。先文庄覆审，谓杀人于其家，使妇人不同谋何从着手？疑奸夫自知将死，为情妇开一生路，早有预定之计。问官不加细察，据以录供。质诸发审局，一再推敲，果然。时文庄欲为更正，局员云："如此，则前任有应得处分。"以忠诚方履粤督新任，同官固不肯为此也。文庄问局员曰："然则奈何？"对曰："如犯妇本不知情，而夫死之后仍与续奸者，亦得死罪。"已而，妇人自认知情，不认续奸，竟无如之何。未几，大赦，释出。此则误解经书"罪疑惟轻"四字之弊也。

一八　南京三牌楼杀人案

鞫狱处分：失出五案以上，臬司降一级调用，督抚降一级留任，准抵；失入一案，臬司降二级调用，督抚降二级留任，均不准抵。故有"救生不救死"之说。然盗案则特重，仅下于逆案一等，十人为盗，劫一人家，十人皆死罪，欲减轻其一，必先为之开脱，言仅把风而未入门，亦不免烟瘴充军。州县亲民之职，苟境内出盗案，限中未能缉获，则展期半年为再限，三限至四限为止。过此四限，则开缺候缉，谓之"四参案"。地方官不幸而罹此咎，较之贪赃革职为尤甚。革职能另案开复，此惟有捕务之一途，舍是则万劫不复矣。故官闻盗则穷治，役闻盗则急追。人家匿盗，则立往自首，恐为窝家所牵累；途中遇盗，则群起而攻，否则望邻见证，亦难免祸也。以中国幅员至广之域，人民良莠不齐之众，承平之际，时无论日夕，地无论远近，一人独行而不忧其不至，一人独居而不虑其有他，非治盗之重典，曷克臻此！末流之弊，州县四参之例不及四届，皆辗转请托，力求调任，而视朝章如具文，一也；邻近州县偶破一案，则事无论若干起、贼无论若干人、期无论若干久，悉令自承，而不问情真罪当，二也。南京三牌楼杀人案，业将曲学如、僧绍宗认为凶手，诬服，论抵处决；而真杀人之周五、沈鲍洪在他处就擒，供出前节，遂兴大狱。斯由于承审官洪琴西都转，非刑案老手，轻易起稿，未曾豫为之地。先死之曲学如、僧绍宗本属无赖，不问斩决、杖毙、瘐死，均非冤狱，宜定为主要罪人；而以余犯待查，为虚下之笔，则他日纵有正犯，另造口供，认为帮凶，俾无罅漏，则可以自圆前说，不致矛盾，为人受过矣。都转以能吏为时所称，陈臬开藩皆指顾间事，不幸因此落职，一蹶不能复起。

光绪癸未，先文庄简浙抚，过津，将航海往，李文忠专船送行。时招商局方制新舰曰“海晏”，乘至上海，与都转同舟，途中颇羡西湖之胜景。文庄因其案情之重，畏清议，未敢延纳也。都转往粤，未几病故。张文襄为请开复，甚费踌躇，见于晦若侍郎手书李文忠函稿。于此，犹足征盛时恤刑之意云。

一九　代杖顶凶遍处皆是

薄罪代杖，重犯顶凶，极平常事也。明中山王故宅抄没归公，当鼎革之时，谓属赐第，取诸国帑，无人能为之辨。既而，宅改提刑署，一犯因加杖而呼。问之，则宅裔徐青，代人受刑，言定杖数钱数，不虞承审官之增重也。王孙末路，无足深论，类此者遍处皆是，无可讳言已。顶凶每出于械斗，本有死罪，以一死免众人之死，而许赡其妻子。或同罪而因其贫，或非贫而抱恶疾，案件虽多，案情大率如此。河南斩犯胡体安临刑呼冤一事，殆兼兹二者而有之。王树汶劫案，要犯本应处决，差役得胡体安贿，纵之去，而令树汶兼承两罪。不意当场举发，反得减等，可谓狡已。光绪初年三大案，误也，非冤也。主持平反者，后皆失意，历历可数云。

二〇　刑幕功用胜于律师

绍兴刑幕，师弟相传为业，初学必自大幕始，年满之后随事勤习，师以为可则荐往州县，由道府过司至督抚署，年事既到，则资望随升，格式尽通，则操纵在握，无他长也。

夏嗛甫大令以知县需次豫章，值先文庄开藩江右，严定州县追欠章程，欲清军兴以后积习。大令来乞见，文庄责其交代，大令曰："能交代与不能交代之故无他，缺有肥瘠之殊而已。侏儒饱欲死，臣朔饥欲死，奈之何？"文庄曰："启口引书，知子为学人矣。天下书汗牛充栋，有教人赖债者耶？何况库款！"时视学使者许恭慎也，为大令缓颊，求补过失。文庄曰："今将有缺出，彼欠交代，弗能与也。公告其速缴。"恭慎以语大令，大令思稍顷，曰："缺耶，其玉山乎，妙之至矣！非此固不能令我食而肥也。”旋还前欠，往玉山任。更亏巨万，倍旧数，未及受代而逝世。

沈文肃是时督两江，函劝勿登白简，将以入先贤祠庙。文庄命将大令所著《明通鉴》板归江西书局，折其欠数，其家不可。乃复文肃书，曰：“我弹劾而公开复，各行其是焉耳矣。”

大令在官，有一事，为流俗所称许者，为杖毙教民十八名一案。大令呈文，洋洋数千言，以为绌邪崇正、除暴安良之计，莫便于是者。文庄曰：“奏入，教士噪于朝，汝落职，朝廷旰食矣。”大令惧而退，谋诸抚幕高杏村，改为械斗致死，并造口供以实之，由县而司会详以上，幸而免咎，则刑幕依法成谳之功也。

后十有余年，文庄移督四川，未及到任而有重庆教案。教绅罗元义，以乱民将攻教堂，雇众拒斗，杀伤踏毙十余命。欲加以重罪而毋词，谋诸督幕臧吟樵、胡山农，曰：“吾欲枭罗元义，以徇于众，俾知所戒，其可乎？”对曰：“案有由，其可哉！”乃共定谳词，曰：“死由于踏，踏由于追。罪坐所由，比以械斗为首之例，尚觉情浮于法，应拟斩枭。”疏入，报可。会电线方展之渝，立电就地正法。法使为之请，固已无及。

刑幕功用较之律师，似无不及。

二一 裕禄斩李世忠

《湘军志》言，李世忠落职闲居后，朝中尚疑其有异志。

曾文正在江督任中，密使侦察至其家，则已竹篱茅舍、种花莳竹，不复与闻外事矣。湘绮老人此章纪载，不知何据。世忠居安庆省城，挥霍如故，久之难以自给，开设鸦片烟馆以为生计，窝藏匪类自不能免。会有斯文败类，因欠烟资为其所辱，纠众复仇。世忠野性，岂堪受此强制！亦号召徒党械斗，两方颇有伤夷。时裕禄为皖抚，裕庚在幕中，闻之召至抚署，言将有所戒饬。世忠敝衣破履，从容而来，殊不经意。入门，遂禁勿出，疏请处之重典。制曰："可。"诏书至皖，裕禄先勒兵，严为之备。中夜，取世忠出行刑。世忠见灯火满前，兵刃夹道，知不能免，夷然曰："我昔居巍位，若有诏赐死，当先谢恩。"令人取冠服来。裕禄不许，遂诛之。世忠本剧盗，综其所行所为，一死不足蔽辜，然临刑数语，犹有磊落之象。裕禄用法，以事论事，则失之过甚。湘绮老人《湘军志》一书，评者多訾其不实，吾于此亦云。庚子拳乱，裕禄任直督，不之问，反与匪魁张德成、曹福田分庭亢（抗）礼，致酿大祸。若以轮回报应之说定之，张、曹定为世忠后身。裕庚夤缘至出使大臣，归而沾染洋风，至译署，置冠于地。袁爽秋太常入而讶曰："冠胡能近履？"裕庚曰："西俗如此。"太常云："俗自西而人自东，虽学之貌似，无益也。"女德菱供奉内庭，著英文《清宫二年记》，于禁中事言之颇详。

二二　狱卒可畏

云南报销案，周瑞清等入刑部狱，费至三千金；龙继栋等羁关帝庙,费至二千金。瑞清得小室三间,继栋止一间,可自携仆作食,且通家人、宾客往来。否则,仅一小土坑(炕),以两狱卒敝衣秽垢者夹持之,饮食皆草具,不许一物纳入矣。望溪《狱中杂记》有老监、现监、板屋之分。贫者系手足入老监,有资得脱械居板屋,费数十金。至光绪初,至百倍以上,可畏也。望溪言,韩城张公廷枢、静海励公廷仪,悉革其弊。又合肥李氏述其先德,相传文忠尊人愚荃侍御为提牢厅时,加惠于狱囚云。然世纵有三公复生,仅片时之苏息。狱卒窟穴其中,一或疏忽,则故态复萌,根株不能尽绝也。

二三　左宗棠媲美诸葛亮

左文襄幼年自负,几不可以一世,人称之为小诸葛。公有时游戏笔墨,致友人书自称“老亮顿首”。其后丰功伟业,媲美武乡,可称佳话。常谓后人思想薄弱,不敢以今拟古。武侯所当曹操、司马懿,对手较为劲敌。然文襄勋绩,南平闽、越,西定河、湟,过于六出祁山远矣。

二四　恭王不用左宗棠

左文襄西征之后,才智已竭,所谓鞠躬尽瘁者是也。入赞纶扉,参预密勿,乃醇邸用南城舆论,以为左胜于李。及见其衰惫,不免爽然若失。旧例,军机大臣惟领班一人上奏,其余则不问不敢对。文襄越次而为王德榜求缺,蒙恩许诺。及下值,议令德榜谢恩。恭邸徐讽之曰:"且俟诏下。"乃已。李文忠奏报永定河堤防一折,枢臣以文襄为外任,熟于其事,引与计议。文襄曰:"宜先往观。"欲即行,恭邸讶曰:"不待奏准而遽出京,若上问及,将何辞以答?"文襄曰:"然则举动必待奏准耶?"恭邸曰:"内廷中,是则然矣。"

二五　张树声得罪南城舆论

以下僭上,惟君臣之礼宜严,师弟则稍杀矣。圣门之中,有尊卑之别,不可稍逾。曾子责子夏曰:"吾与女事夫子于洙泗之间,退而老于西河之上,使西河之民疑女于夫子。"隐然有天泽之分焉。刘焉、刘璋父子,相继为益州牧,刘表讥其有西河之似,可谓罕譬而喻。庚子议和之役,李文忠居贤良寺别宅,建德周玉山制府,时以直隶布政使为随员,寓寺东院,有时乘肩舆而出,京朝官自侍郎以下所未有也。于晦若侍郎讥之曰:"如刘璋之在蜀。"此制府一时任意,侍郎亦一时戏言耳。实有其事者,惟文忠丁忧之时,张靖达护理直督,庶乎近之。其奏调丰润张幼樵学士帮办水师,有参四道八镇之说。斯时学士直声振中外,挟以自随,实为示威属下之意。诏责其冒昧,弗许。相传公子霭卿部郎,清流党人也,与之为友,先得其同意,而后奏入。学士语人曰:"事诚有之而未之允。疏已遽上,诚为憾事。是日考差,余适有小功之服,未之前往。不知者以为避考待旨,尤为误会。"未几，靖达至京，遇学士，谓之曰：“吾尝读‘四书’文矣，冒昧足以偾事，冒昧亦足以济事。”学士一笑置之。然靖达遂以是得罪南城舆论，直至移督两粤、开缺从军，众口雌黄，犹未已也。

二六　朝鲜兵变后清廷应对失策

朝鲜之役，以国王本生父大院君与闵妃争权，王外迫于所生，内逼于所爱，处置不善，致启内忧而兴外患，人人知之，不待言矣。大院君，朝鲜守旧党也，心向吾国，为息事宁人之本。朝鲜国家大计，固莫便于此。闵妃喜新法，少年急进之徒，诱以自强之说，而不自度德量力，实为乱阶。变作，朝廷遣将出师，吴武壮率兵以往，即先文庄部下之亲庆军，于捻平之后留驻北省拱卫京畿者也。武壮军人，不谙外交。时张靖达署直督，使丹徒马眉叔同行。入其国，知其情，欲去祸源，有投鼠忌器之势。当时之上策，纵乱卒戕害闵妃，诚一劳而永逸。其后日本定朝鲜之乱，即行此计。武壮见未及此，知弗能治闵妃之罪，更无词可使出境，必不得已，携大院君还。譬如二人互斗，其过在甲，因有他故不能使甲离其地，而强乙以去，亦不失为中策。使吾国于大院君之来，优加礼貌，使之乐而忘返，未始非息争之一道。乃视若俘虏，待如囚犯，安置于保定府。属国忠诚之士，反在羁禁之中。人心不平，藩邦觖望，莫甚于此。醇王以皇帝本生父当国，视大院君为同类，本乎一人之私，不顾国家大患，又无故而纵之。反使大院君一党，服事我者既已灰心；闵妃一党，谋叛我者更生异志。不及十年，东学党再起，而世事不可问矣。

二七　李鸿章讳言权势而慎重名器

母弟辅政，周公犹有疑焉，况下者乎？一误再误，虽宋太宗未免于僭，余可知已。惇、恭、醇三王，犹有皇王气概，非宣统间亲贵之比也。咸丰朝咸不见用。天子之弟，不必有以自见，颇得养晦之道。文宗用人，惟贤是尚，不分满汉，皆肃顺匡辅之功。秋狝热河，以军符予曾文正，实开中兴之业。不幸帝乃殂落。三奸夷灭，恭邸当国，阴行肃顺政策，亲用汉臣，李文忠尤其倚赖，凡所措置，足奠邦基，直至宣统末年，宫禁并无失德，颇足彰明一朝盛治。德宗嗣位初年，醇邸欲以左易李，既知不可，任之益专。文忠坐镇津门，朝廷大事悉咨而后行。北洋章奏，所请无不予也。淮军将校果有能者，无不用也。臣下弹章，如黄漱兰侍郎、朱蓉生侍御，皆立予谴责，不能动也，较之他日疆吏贿买当国者殆有异焉。

文忠安内攘外，声望极一时之盛。当贤王倚畀之日，正外邦倾服之时。然地位愈高，益自隐晦，威福之柄，殊不自居。张文襄督粤，使王雪澄观察观政于北洋，往见文忠。文忠知其习滇事，谘诹甚备，而无暇及于新政。观察归至沪，见谕旨擢用岑襄勤，一切设施悉如所言，乃知文忠之才大心细，而当局之言听计从也。曾惠敏归自欧洲，文忠以文正之嗣，亲近异乎寻常。惠敏年富气盛，略示欲得两江之意，文忠曰："以子之才地勋劳，且承先德，何不可者？江南地大不易治，先试诸陕甘，何如？"惠敏怒曰："虽死，固不愿往。"既而，醇邸屡以惠敏位置为问。文忠曰："徐之以老其才。"惠敏困于译署，郁郁而卒，病中颇怼文忠负义，时人方知文忠遥执朝政云。又有一事，足以与此互相印证者，张霭青观察，南城谓之"清流靴子"，讥其比之于腿犹隔一层也。又谓为"捐班清流"，而乃翁靖达为"诰封清流"，以善与诸名士交而有是称。观察才识，文忠固所夙知，先文庄以姻娅故，益加青睐。霭次入蜀，立予盐差，旋补建昌道缺。致书文忠，荐为按察使。文忠复书曰："朝廷黜陟，从不与闻。"再请，则曰："道员升臬，鲤鱼跃龙门，谈何容易。"其讳言权势而慎重名器如此。

二八　李鸿章遥执朝政

李文忠坐镇北洋，遥执朝政，凡内政外交，枢府常倚为主，在汉臣中权势为最巨，生平持盈保泰，从不敢擅作威福，虽参预密勿，惟恐人知。素与先文庄交善。今观所遗书牍，一再表明其志，可见时人误为宋之贾似道、明之严嵩。然宋人劾似道、明人劾嵩者，俱有奇祸；今人劾文忠者，充其极至御史回原衙门而已。犹可藉此得美名，博取人间富若贵，亦何惮而不为哉？推原其故，文忠虽无不满于人意之处，然李氏族大人众,良莠不齐,与民争利,倚势凌人,恐不能免。其致怨也,或以此之故与!

二九　山东巡抚陈俊丞调任

先文庄丁忧起复,入京过天津,寓文忠行辕,与赵子方观察居一院,子方密告"傅相疏荐",旋见而言谢,文忠笑曰:"子方泄我几事矣。内意将简东抚,以法、越生衅,浙省海疆事急,陈俊丞求调,因移俊丞于东,而以浙江借重使君云。"其后醇邸阅海,俊丞中丞不谙诸王仪制,为备行馆于烟台,用黄缎绣龙铺垫。醇邸行时唯恐太后见疑,特请李莲英自随,名为优礼亲藩,以内廷宫监赍送往来,出于体恤之诚,隐寓监察之意。闻地方供给越出礼外,托词不复登岸。张勤果从办海军,勋劳甚著,随节出巡,遇事辅相,颇为邸所激赏。未几,黄河决口,俊丞中丞去官,勤果即继其任。《清史稿》采取断烂朝报,似未贯串。

三〇　富商胡光墉得头品衔翎

《清史》而立《货殖传》,则莫胡光墉若。光墉,字雪岩,杭之仁和人。江南大营围寇于金陵,江浙遍处不安,道路阻滞,光墉于其间操奇赢,使银价旦夕轻重,遂以致富。

王壮愍自苏藩至浙抚,皆倚之办饷,接济大营毋匮。左文襄至浙,初闻谤言,欲加以罪,一见大加赏识,军需之事一以任之。西征之役偶乏，则借外债，尤非光墉弗克举。迭经保案，赏头品衔翎，三代封典，俨然显宦，特旨赏布政司衔、赏黄马褂，尤为异数矣。

三一　胡光墉与国库常通有无

光墉藉官款周转，开设阜康钱肆，其子店遍于南北，富名震乎内外，佥以为陶朱、猗顿之流。官商寄顿赀财，动辄巨万，尤足壮其声势。江浙丝茧向为出口大宗，夷商把持，无能与竞。光墉以一人之力，垄断居奇，市值涨落，国外不能操纵，农民咸利赖之。国库支绌有时常通有无，颇恃以为缓急之计。

三二　胡光墉破产

先文庄抚浙之初，藩库欠光墉资二十万，尚不知其为何如人也。光墉见，称述中堂不置，而莫明其为谁，问之乃湘阴也，笑而遣之。未久，光墉以破产闻。先是，关外军需，咸经光墉之肆。频年外洋丝市不振，光墉虽多智，在同、光时代，世界交通未若今便，不通译者，每昧外情，且海陆运输利权久失，彼能来，我不能往，财货山积，一有朽腐，尽丧其赀，于是不得已而贱售，西语谓之“拍卖”，遂露窘状。上海道邵小村观察，本有应缴西饷，靳不之予。光墉迫不可耐，风声四播，取存款者云集潮涌，支持不经日而肆闭。

三三　胡光墉遣散姬妾

光墉有银号一，典二十有九，田地万亩，其他财货称是。上海、杭州各营大宅，其杭宅尤为富丽，皆规禁籞、仿西法，屡毁屡造，中蓄姬妾辈十余人。先一日，光墉由沪而杭，尽呼之集一堂，自私室出立即下键，各予以五百金遣去，不得归取物，有怀挟者任之。光墉选艳，惟爱幼孀，以为淫佚恣意之便，本无一人崇尚名节，故一哄而散，毋稍留恋。

三四　刘秉璋为胡光墉设局清理业产

次日，光墉将其业产簿据献于文庄，不稍隐匿。在落魄之中，气概光明，曾未少贬抑。文庄为设局清理，令候补州县二十九人接收各典，皆踧踖莫知所对语。文庄谓此二十九人者曰："诸君学古入官，独不思他日积赀致富、设典肆以谋生乎？收典犹开典也，不外验赀查帐而已。"

三五　追债之书以丈尺计

文协揆存款三十五万，疏请捐出十万报效公帑，其余求追以胡庆余堂药肆之半予之。孙子授侍郎，乃文庄庚申同年也，有万金在其银肆内。张幼樵学士来书云："子授得失尚觉坦然，而家人皇遽，虑无以为生计，乞为援手。"亦诺焉。

其外，京朝、外省追债之书，积之可以丈尺计，则一时阛阓中扰乱情形，可想见已。

三六　僧于杭州典肆门外追讨存款

前一岁，有僧以赀五百元存于杭城典肆，肆伙以为方外，书名不便，拒而不纳。僧以木鱼敲于门外三日三夜，光墉偶过其处，问故，许之。及是，僧至取款不与，则敲木鱼不止。肆伙笑谓之曰："和尚，汝昔以三日三夜之力而敲入，今欲以三日三夜之力敲出，不可得也。"不得已，而以妇人衣裤折价相抵。僧持，泣曰："僧携此他往，诚不知死所矣。"挥泪而去。其流毒类如是。

三七　胡氏物尽易主

是时，贾商贩竖挟胡氏物出售者，其类不可胜数，罔不显其奢丽。其屋上雕镂、室中几案、园内树石，每易一主辄迁移以去，至于清亡而未已。

三八　胡母逝不逢时

光墉未几即死，其母旋亡，距七十寿筵不足一岁。杭人谑之曰："使母早三月逝，当备极荣哀之礼，此老妇人真以寿为戚矣。"

三九　胡光墉有后嗣

《海上花列传》中，黎篆鸿即光墉也，语焉未详。传中有女婿朱淑人，今亦无考。然光墉有后嗣，庆余堂之半仍为彼有，营业至今不衰云。

四〇　台匪黄金满案

台匪黄金满，逸盗也。盗既逸出，天涯地角、海澨山陬，无不可以容身，虽欲缉获，无克期必得之理。当时大乱初平，人心未静，不逞之徒辄假之为标帜。江浙两省，每遇盗贼之案，均用影射，甚至苏州文庙以金满名易入神位，尤为骇人听闻。

先文庄任浙抚，诏旨督捕甚严，复使彭刚直往浙专治其事，而渺不可得。会旧部文员中徐春荣，杭人也，与天台县廪生谢梦兰习，令梦兰入其穴招之来降，问以近日江浙两省事，均茫然不知所以。春荣引之入见，乃一委琐不堪之贼也。文庄谓曰："为盗而枭首于吾辕下者，不知凡几尔。犯罪累累而许以不死，何其幸也。"金满作向前势，曰："抚台命我前进几步。"即上前几步，又作向后势，曰："抚台命我退后几步。"即退后几步。文庄曰："如此，良佳。"

及刚直入粤督师，携金满往，且为之娶。至粤，来书曰："金满又纳妾，从此不思为贼矣。"

同时清议颇不以招降为然，文庄于始早为之计，令台绅请于刚直，刚直许可，乃会闽督何小宋制府衔入奏，而言路弹章仍复不免。一日，文庄至幕客文芸阁孝廉室，见一简，为盛伯羲祭酒书，论及金满案，言一劾不许必再，再劾不已必三云。及时过境迁，皆知金满无贰。甲午之役，将用以拒敌，皆曰："彭刚直招降之功也。"吾国士大夫毁誉，大率类此。

四一　以弱遇强之言和

东晋焚石勒币，壮哉！自此以后，莫能几矣。然宋以岁币奉敌，犹能言和，延祚百余年而后亡。推原其故，国家尚有断制之力，不为士夫所劫持。至明末，欲和而不敢和，可和而无以和，则庄烈之朝纲不如真、仁、高、孝远甚。而南宋道学方盛之时，尚有正气，又非东林诸人比也。道光朝，海禁大开，夷务为第一要政，于是挟一罅之见者，哆口张目发为快论，以隆虚誉而谋私利，置国家安危、生民祸福于不问。甚谓宁可覆国亡家，不可言和。郭筠仙侍郎《使西纪程》云："不意宋、明诸儒议论流传为害之烈，一至于斯。"足为流俗箴砭，而远大计画未之及也。以弱遇强，必如周太王事之以皮币、事之以犬马、事之以珠玉；越王勾践十年生聚、十年教训，乃足成霸王之业，滔滔者何足语此。

四二　张之洞从清流到洋务

天下事皆有两端。一端以款为罪,则自命清流之列者也。当时诸名士为首者称“四大金刚”,负敢谏之名,为朝廷所重,一疏上闻,四方传诵。平时谏草,辄于嵩云草堂为文酒之宴,商榷字句。有张某为之奔走,传观者呼为“清流腿”。其依草附木者,则以“清流靴子”呼之,意谓较之于腿,犹有间也。因而有赀者为“捐班清流”,有佳子弟者为“诰封清流”,由是互相标榜,以跻显贵。既有捷径,则人莫不趋,徒党之众,固其宜矣。于是一端以款为主,恃“洋务”二字为妙用,而致速化。越南事起,言事者多败,惟篑斋依北洋获以保全。己酉之岁,日本游士竹添静一者,移书通商衙门,欲见吴江殷谱经侍郎及南皮张香涛太史。主者以闻,上知其人,屡加不次之擢,南皮遂由编修得司业,跻阁学,授晋抚。先以外力致贵,得志后不忘其本,用人行政,惟以洋务为重。于李文忠,则亦步亦趋,尤极其揣摹之工,非余子所能望其肩背。及篑斋败于辽西,清流之中惟余南皮一人,如硕果仅存。锐意新政,实得文忠心传。再传,而武进项城、南海新会同时并出,遂屋清社。

四三　淮军终于周盛传

周武壮于军务平后,驻防小站,以西法练兵,每日往校场亲自督率。当时,北洋淮军平日不忘武备者,以盛军为冠。发、捻两役,旧将存者,亦惟武壮一人。甲申之岁,丁忧回籍,旋即病故。淮军命运,于以终焉。

四四　曾国荃善处功名

法、越事起,政府以曾忠襄督两江,特召入觐,人人心目中以为忠襄久于行间,娴习营务,应变之才或非所长也。及见张幼樵副宪论兵事,曰:“吾兄文正公盈满是惧,吾亦成功而不居。不然,金陵既克,我师七八万,皆百胜之卒,先打捻子,后打□□,再打鬼子,宁待今日?”见周小棠通政,有旧,稍作深谈,曰:“我师今与西师战,有十六字秘诀,曰:‘先去先败,后去后败,同去同败,不去不败。’”值边情日急,副宪、通宪常相见,述及,讶曰:“奈何于彼此之不同也?”翌日,会于译署,恭邸问曰:“事将奈何?”时副宪、通宪及诸大臣皆在侧,颇觉答语措词之难。忠襄曰:“吾犹炮耳,诸公犹炮手,全权在握。诸公命勿动,炮之为物,静物也,待命则已。诸公一拨机括,则弹丸立出。”当时闻者,四面均有照应。及去,佥服其应答之妙。忠襄既履任,先将南洋兵轮大者五艘,遣出援台。法舰追逐至镇海,攻击月余弗克,而吴淞反不被兵。江南防务,诏使闽县陈伯潜学士为之佐。闽县素好言事,忠襄辄不列衔,使独具名。会军务不利,各省多受严旨诘问,闽县去而忠襄身名俱泰。同时将帅,善处功名之际,毋若此翁者也。

四五　刘秉璋抚浙不助甘饷

先文庄初至浙，筹画防务、查问库款时，粮道库尚存银二十万两，藩库欠阜康银号银二十万，两相抵无余，空如洗矣。推求其故，则日供西饷之不给。时德晓峰中丞为布政使，召问之，曰："前任杨石泉中丞，何以舍己而芸人?"方伯曰："闻诸幕中，虽竭所有以与之，左公责言犹无已时，问杨中丞之官禄何自而来，区区者反靳而不与。"文庄曰："此言私也，非公也。其自今日止，勿解西饷，为海防计。"此浙省海疆兵事之始。未几，甘督谭文勤公果有书，趣方伯协款。方伯以自备无力辞。文勤来书，诘问浙省何备之足云。方伯以告，文庄令以法衅将起婉复之。先是，左文襄西征事急，文庄时抚江西，承平无事，常尽力以给其用。及告终养归，西征军罢，文襄疏请嘉奖各省接济者，文庄曾膺上赏头品顶戴。至是，甘浙以协款而有违言，文襄因旧谊，驰书致文勤，言浙之助财非定例所有，毋执成见过于争竞，其事遂解。文庄与岑襄勤之交，亦以江西协饷之故，襄勤谢书今犹在箧。独在浙抚任内，不与甘饷者，时地之不同也。

四六　亲庆军部将

先文庄于东捻平后乞病归，知军力单薄，不足当捻众也。请以所部一军予潘琴仙(轩)方伯，俾合众击贼。时李文忠代曾文正为帅，不允，使本军中资望稍深者吴武壮领之。且曰："吾终当留此军与子。"及浙防渐急，吴武壮率师在朝鲜，文庄函致文忠索之，文忠游移其词。未几，丰润张幼樵副宪来书，云："筱轩久驻朝鲜，其雅歌投壶之概，尚足愚朝鲜人耳目。若移而之浙，文人无行者必将趋之若鹜，截旷之饷不足以供其挥霍。"云。文庄得书，笑曰："傅相示意也，此军终不予我矣。"其后，军分为二，留江南者曹德庆、班广胜领之，驻吴淞；在冀北者黄仕林、张光前领之，驻旅顺。将领四散，独树一帜。位至直隶提督者叶志超；久从文庄在浙、授福建水师提督者杨岐珍；终守镇海者吴杰；从至四川、授重庆镇者钱玉兴；授川北镇、调直隶宣化镇者何乘鳌；官广东提督者蔡寿亭；随张文襄，领军曰"凯"字营者吴元凯。皆久于征战，官位较崇。其余无实职者、未及显贵而战死者、虽属部下而非亲随者，不在此列。

四七　刘秉璋看重吴长庆

先文庄部下，以吴武壮为读书种子，视之最重。东捻平后，求解兵柄，即以众授之。李文忠殊不谓然，文庄曰："筱轩不我弃也。"当时追寇，常距粮台数十里外，所得寇食，常挈以从，遇饷银前后不属之时，用以赡军。濒行，悉与武壮。有领字收据，久存吾家，至彼若何支销，亦不之问也。同治壬申，文庄由陆道入觐，武壮时驻军扬州，送至清江浦始返，骨肉之亲殆不啻焉。武壮故后，为请建祠于嘉兴。未几，长君子恒往谒祠，遂至杭州，馆于抚署，文庄以故人之子畜之。子恒性豪迈，不守矩度，文庄弗善也。一日，谓子恒曰："尊公入祠之日，吾恨未往，默祝一言以询之。"子恒曰："死者已矣，何询为？"文庄曰："吾问何术，以止其乃郎之诞也。"子恒无愧色，亦终不悛。及文庄督蜀，请假回无为州宅，吴王夫人率其次子彦复来见，寓于余家。文庄视彼事如家事，责善难免过甚。偶问彦复经句，声色俱厉。彦复时年十六，急自辨曰："'五经'素未熟读。"文庄谓吴王夫人曰："噫！筱轩日与文士游，其子未习'五经'，辱莫大焉。"又勖彦复曰："勉之，速求学，未为晚。"后生小子，每不知先代之事，遂愈远而愈疏。非惟在公为然也，虽在私亦有之。

四八 闽督借浙舰

法舰至闽，丰润以浙为闽督辖境，电调浙江"超武""建威"两舰。舰长未奉巡抚之命，不敢驶往，丰润恶其违命，奏请逮治。先文庄怒，拟疏弹劾丰润玩寇之咎。已将驿递，幕客汪小彭曰："公勿尔，不日行见丰润败矣。公何所图而取怨于友？"事遂中止。未几，丰润书来借舰，云："浙仅两舰，无能对法。如移而之闽，闽足以御法，而闽日固。闽足以卫浙而浙不孤。于以见苏季合从之计，足破孟明鄙远之师。"邮至，马江已败，船械俱烬矣。及文庄移督四川，"超武"拖船送至汉口乃还。

四九　吴杰战镇海被冤昭雪

法攻镇海之役，先文庄为战备，命吴吉人副将杰守海口招宝山炮台。旧部中，杨西园提军岐珍、钱荣山提军玉兴、马聘三总镇朝选，均守要隘。未几，法师船果至，攻招宝山弗克，杰功居多。提督欧阳利见，湘人，曾文正之妻党远族也。剿捻军中曾献策，令军士各持竹筒一，敌至掷之，以羁绊马足，传为笑柄。因文庄素轻其人，弗予增兵，亦弗重用。及文庄移督四川，利见谓副将居心险诈，函请闽浙总督奏参革职。时宁绍台道薛福成新简英使，抗疏力争。朝廷以谘文庄，副将得昭雪，留川防边。及日本师起，浙抚廖縠似中丞叠电调用，皆辞不往。中丞取朝旨促之而后行，守镇海，历任巡抚仍之，至死乃易人。

谚曰"国乱思良将"，惜乎承平之时，凡事未之豫也。中法之战，湘淮旧将犹有人焉，冯勇毅、王孝祺鏖战于越南，刘壮肃、孙壮武撑拄于台北，皆有令名。镇海之役，李文忠电稿载上海电报捷音，薛叔耘副都《浙东筹防纪略》诩为中外交涉后初次增光之事。先文庄身亲其役，当时绘有战图进呈御览，其副本尚存余家。战最烈者为吴杰守威远、靖远、镇远三台，当炮火之冲，奋击甚力。功最巨者为钱玉兴，潜伏清泉岭下，置过山炮，击毁法船，自是法舰不敢近宁波海口。总其成者为杨西园尚书，皆文庄亲庆军旧部也。《清史稿》求其案卷不得，乃以浙江提督欧阳利见当之。

兹将光绪十五年六月，文庄昭雪吴杰原奏折片录下：

吴杰系尽先参将，实任镇海营守备，管理镇口招宝山炮台已历多年。臣前在浙江巡抚任内，因筹办海防亲往查看，见其队伍整齐，炮具精洁，演放灵便，颇谙西法。访诸舆论，平日抚驭炮兵威惠兼施，能得其死力，心窃器之。

光绪十一年正月，法舰将犯镇口，所有南洋援闽之三轮避入镇口，人心惶惧。浙江提督欧阳利见恇怯无谋，仓皇失措，倡为徙炮拆台退守之议，将欲徙招宝后堂大炮。经吴杰极言不可，流涕力争，欧阳利见志在必行，谓违则即行正法。臣闻此信，严电饬止，乃定守口之计。及法船多只来攻招宝炮台，数百磅长弹纷落如雨，镇海、宁波一带人民迁徙一空，前镇海营参将郑鸿章所部兵丁，竟有翻穿号衣潜逃者。吴杰手开巨炮，与南洋退回之轮船彼此齐发，各中两炮，洞穿法船两只，敌始败退。越日，又来猛攻，复击退之。法船尚于我炮不及之处攻打旬余，实赖吴杰稳守招宝一台，扼其咽喉，使不得逞。上海洋人登诸画报，中外传为美谈。

事平之后，法提督李士卑士固求登台履看，讶其布守之坚固。欧阳利见因羞成怒，实阴仇之。臣会同调任闽浙督臣杨昌濬将郑鸿章奏参降补，即委吴杰署理镇海营参将。查郑鸿章，贪庸恇怯，欧阳利见所与沆瀣一气者也。劾其所爱，用其所憎，欧阳利见益痛恨之。大抵义烈之士，敢于赴汤蹈火，不惯营私献媚，声望愈美，怨毒愈深，加以标营将弁侵饷是其故智，欲去吴杰而夺其炮台差使，自便私图，亦以浸润之见，迎合欧阳利见之意。于是，乘闽浙总督卞宝第到任未久，不知底蕴，朦请参革。浙东官绅士庶，多抱不平。

臣阅邸钞，正深诧叹，顷奉谕旨，钦感交并，乃知公道尚在人心，是非难逃圣鉴。窃思海防为目前第一要务，似此忠勇有功之良将，遭贪庸提督之进谗，误被参劾，深恐内寒将士之心，外为敌人所笑。夫以专阃提督，吹毛求疵于一守备，欲加之罪，何患无辞！以远隔二千里到任未久之总督，据提督来函参一守备，亦只是循例办理，臣何能越俎为之昭雪！惟钦奉谕旨，垂询三端。臣在浙有年，闻见较确，吴杰才具实足备干城之选，平日办事实属可靠，至击退法船之功，尤赫赫在人耳目者。臣与卞宝第系儿女姻亲，此次误参，自未悉吴杰立功之底蕴。查海防获胜，系臣在浙江巡抚任内之事，见闻最真，吴杰之才，卫荣光必知其可用，而吴杰镇口之功，或不如臣亲见之详。事关海防，现奉特旨，着即据实覆奏。臣具有天良，何敢引嫌避怨，姑负天恩？理应披沥直陈，固无庸为卞宝第回护，尤不敢为欧阳利见曲徇也。

五〇 镇海击沉法舰之经过

镇海击沉法舰，薛副都时任宁绍台道，谓先文庄奏报全凭诸将领告捷文书，不善描写，未免将捍海奇勋湮没不彰。乃援乾嘉年间新疆回疆之例，绘成战图附说。兹摘钞如下：

浙省至宁波郡城向有电报，由宁波至镇海四十里，乘潮往返，文报稽延。法越事起，抚臣拟亲莅宁郡，就近调度。薛福成以巡抚出省，则调兵筹饷转多隔阂，因请由宁至镇添设电线，一切机宜，电饬营务处薛福成、杜冠英传谕各营，虽相距数百里，而号令迅捷，如在一室。十年冬，法船游弋浙洋，迨十一年春接仗后，与法船相持数月，电报往来日十数起，军机无误，则设立电线之效也。

镇海海口散漫，南岸育王岭、布阵岭、孔峙岭、清泉岭、沙蟹岭，北岸蟹浦、湾塘、沙头堰等处，均登岸要区，招宝山至梅墟关系尤重，抚臣饬杨岐珍、钱玉兴将南北营垒布置后，各率所部修筑堤卡，故声势联接，脉络贯通焉。

镇海口自小金鸡山至招宝山宽约二百丈。马江告警后，抚臣以南、北两岸虽有炮台，仅二百磅子大炮一尊，若不于海口设立拦阻船路之物，恐敌以一二兵船羁绊炮台，余船直驶入口，两岸营勇力无所施。檄饬营务处薛福成，督同杜冠英与宁波府宗源瀚，购买桩木，用机器排钉海口，或七八十枝为一丛，或四五十枝为一丛，或二三十枝为一丛，自南至北横立二十二丛，自内至外直列十丛，经营数月始告竣。海口定议钉桩，抚臣虑桩密则水道壅滞，桩疏则罅漏较多，复饬薛福成督率杜冠英、宗源瀚买海船三四十艘，饬令两岸防勇满装石块排沉桩缝之内，中间仍留口门二十丈，以便商船出入。另购大船五艘，三杠纲三重，并借宁商宝顺轮船一艘，以备有事时封塞口门。厥后五船虽沉，宝顺尚留未用，商旅仍通，饷源不匮，而宁镇居民安堵如故，盖恃桩船之力也。海口设防，抚臣咨请北洋大臣，饬派水电匠目四名，到杭州设局制造，并购置水旱电线，饬杨岐珍于营勇炮兵中，选择精细伶俐者，令其习沉埋演放之法。岐珍与杜冠英督率吴杰，于海口沉船排桩之外，沉放水雷六排，每排八雷，纵横相距十丈许，共沉四十八雷。又于小港濒海严要之处，埋伏地雷六十枚。其他如布阵岭、孔峙岭、清泉岭、沙蟹岭、蚶子岭等处，长墙卡门之外，各埋地雷三四十枚。敌知有备，始不敢登岸。

法船在马江开战，宁波绅民指目教堂，皆言法人藏匿大炮，将为内变。薛福成照会英国领事官固威林，俾转告法国主教赵保禄，速迁往江北岸居住。赵保禄请饬查教堂果有大炮与否。薛福成谓此说本非确实，但众怒难犯，如不速迁，日后断难保护。郡城团练夜过教堂，或以矛撞其门，争詈法人，法教士不自安，乃率男女徙居江北岸。薛福成允拨兵代守教堂，亦隐以稽察奸宄。俄而，定海讹言又起，定海民入教者二千人，教堂内日纠二百人操演，枪声与定海镇操兵声相溷也。薛福成谓徙其教士，则教民无所附丽。适奉抚臣严檄督促，致书定海守将密商机要，而明告法教士以不能保护。往返驳辩甚坚，赵保禄语多恫喝，薛福成严折之。一日，教堂中阒然，则教士已尽室迁回宁波江北岸矣。薛福成乃禀调衢军右哨，及派卫安勇五十人驻扎江北岸，名为保护教士，实拘守之，教士亦悚服听命。又令新关稽查洋船，凡法国商民、教士，但准出口，不准进口，以清间谍。故海口鏖战，而内地晏然。

法事日棘，抚臣函饬薛福成，遵照北洋大臣电传密谕，设法暗阻敌船引水。宁波尚有引水洋人必得生、师密士二人，领新关执照，驾小船在镇海口外受雇领港，薛福成与约，月给厚费，俾敛船入口交杜冠英差用。是时，师密士适接法兵船密信，雇为引水，薛福成使拒绝法人，且另给重资以酬之。既又函会税务司葛显理，派洋人随同杜冠英撤去新关向设之七里屿、虎蹲山等处塔灯、标杆、浮筒，以迷敌轮之路。迨开战后，薛福成侦知孤拔在上海募英人赫尔、德人贝伦为入浙向导，各许万金，如伤亡则十倍给其家属。因亟电商江海关道邵友濂派员禁阻，声言将撤销其执照，永不许在中国引水，乃议定各酬以千金。福成复告各国领事，如有洋人为法船引水，宁郡民情强悍，必相率而攻毁洋房，此以一无业之莠民，累及合埠安分之富商也。且难保非法人诡计，欲故坏各国声名。诸领事以为然，密致书驻沪领事，禁约洋人。后闻孤拔欲募引水以攻镇海，悬价六万金而莫之应云。

法船四艘驶入蛟门，抚臣得报，飞饬各营，要约赏罚，并严饬南洋三轮合力协助，电饬杜冠英传谕各炮台镇静以待。正月十五日未刻，法将孤拔乘一小轮亲入虎蹲山北测量水道，我台开炮，击之几中，乃遁去。旋一大黑船，名纽回利，扑攻招宝山炮台，杜冠英饬炮目周茂训开炮迎击，一发中其船头，敌势惶迫，掉头用排炮轰击，又被我炮台弹折头桅。我炮台亦被敌击中数十弹，弹重二三百磅，陷入三合土内。后一弹着我炮洞门楣，铁炸入洞，击伤周茂训右胫。杜冠英令吴杰亲自开炮，杨岐珍亦至炮台仝励弁兵，又弹中敌船尾，南洋兵轮亦两炮击中敌船。随后三法船群开排炮，我两岸亦开排炮御之。自未至申，轰声不绝。法船连受五炮，伤亡颇多，我炮兵勇丁，只阵亡三人耳。

正月十五日之战，法轮败退，泊金塘山下。十七日黎明，又添两船，巳刻，复以一大黑船驶入虎嶟(蹲)山之北，攻我招宝山炮台。杨岐珍、杜冠英督率吴杰开炮，敌船甫近，即被我弹中其烟筒，再中船桅。横木下坠，压伤兵头及护从多人。南洋兵船，复从旁击中二炮，法船创甚，收旗转轮，仅获出险遁去。厥后，闽浙总督杨昌濬接探员电报，有法船运到一兵头之柩，葬于马祖澳，送葬者数百人，据传即将军迷禄，正月十七日在镇海伤亡者也。

法船再败之后，不敢再近招宝山口门。十八日夜，乘风雨晦冥，将用小船潜登南岸，图袭我港口之炮台。

我师水陆弁勇每夜轮流放哨，副将费金组瞥见小船，戒营勇屏息以待。及其渐近，突发枪炮，尽力截击，沉其两舸，余悉惊遁。

小港炮台，旧置炮位五尊。内光膛生铁炮三尊，未能及远；钢炮击远两尊，弹仅重四十磅，早经移置沙蟹岭、乌龙岗，但留空台为疑敌之计。正月二十七日，法船遥对小港开六七十炮，着炮台十数弹，陷入三合土内。二十八日，又来轰击，连开数十炮未中，复将炮车吊桅顶，意在凭高易中。乃甫扯登，桅绳忽中断，炮坠舱面，压毙多人。自此遂不来攻，其为计穷力竭，已可概见。

法船屡挫之后，退泊金塘，唯以一船向前抛泊，倚游山为屏障。钱玉兴以乘夜袭击，可以得志，适当薛福成在镇海劳军，相与密商定计。二月初四夜，钱玉兴亲督副将王立堂，选敢死士，潜运后膛车轮炮八尊，伏南岸清泉岭下，四更后突击之，敌船连受五炮，伤人颇多，传闻孤拔亦受伤云。法船开炮回击，弹落水田，我军一无所损，旋即收队。

五一　都人讽词臣任军役联

法越战役中，张文襄授山西巡抚，闽县会办江防，丰润会办福建船政，以词臣而任军役，皆异数也。文襄受命，上书谢恩，有“身为疆吏，犹是依恋九重之心；职限方隅，敢忘经营八表之略”。文襄既去,其兄文达相国偶取视时辰表,笑谓客曰:“余只一耳,其七在舍弟所。”及越事急,移督两广,力主潘仕钊之说,弛闱姓之禁,颇为时论所訾。时各省军务多不利,闽县单衔条陈时务,触上怒,镌级去。侯官与闽县同城,实为一地。丰润败于马江,船械尽失,疏请恤马江死事诸人,疏有云:“李长庚死事于闽洋,而其部将邱良功等卒平海盗,曾国藩初覆师于湖口,而其后遂为中兴第一功臣。此固人事之平陂往复,抑亦天心之草昧艰贞。”措词之妙,不可言喻。都人为之联云:“八表经营,也不过山西禁烟、广东开赌;三边会办,请先看侯官降级、丰润论功。”

五二　张之洞以文人为帅

醇邸隐握朝纲,礼遇文士,以要时誉,开当时词臣言事、清流结党之风。自法越兵兴,轺车四出,率一试而败,惟南皮声名俱泰。粤督张靖达制府、桂抚潘琴轩中丞,以军事失利相继罢。南皮继任,适我军先败后胜,克复失地。当时战将冯子材、苏元春,悉前任疏荐至军。王孝祺本树军旧部,以靖达弟勇烈倒树湾与捻战败死,坐失主将贬职,至是起用。南皮以文人为帅,激励将士,坐收成功。虞允文采石之捷,不能专美于前矣。

五三　广东科举考试“闱姓”赌博

闱姓者，广东赌局之最大者也，头家为富商大贾，主其事。开科之年，设局卖票，令人入钱。豫拟榜中每姓几人，以千万为一决，俟揭晓，按中否，以定输赢。其始仅行之童子试，继行之乡试，后渐行之会试。其大力者，至为所拟之姓，广通关节，以冀必胜。于是姓愈僻者，愈为奇货可居。房官及提调、监试各官，皆阴行贿赂，转相贩鬻。督抚收其税以为利，名曰罚款，故行者益纵。士之应试者，多托贽商贾，自称门生，大为风俗之累。

五四　左宗棠、彭玉麟暮年耄昏

法越之役，左文襄视师福建，将率师以帆船渡台。属下知其耄昏，日送之登舟行，夜回舟载之返，数日不得达。托言风逆，舟不得近，乃复登岸。彭刚直视师粤东，出示谕众，用“食肉寝皮”之语。为西人所见，诧为野番黑蛮所为。朝廷亟诏止之，乃止。英雄末路，诚不免露出暮气，然何至如是之甚。诚以二公少壮至老，身在行间，无日休息，心力交瘁久矣。刚直疏中又云：“古来臣子，往往初年颇有建树，而晚节末路，陨越错缪，由其才庸，亦其精气竭也。”读之能无慨然！

五五　清末政府用人之恶作剧

倭文端恶洋文，则命管理同文馆；李文正恶洋务，则派为总理各国事务大臣。二公终身不往，朝旨亦不催促。在政府诸公之意，但使知难而退可矣，不必强之上道，反为外交之梗也。邓铁香侍御以强项名，派至译署以折之。侍御非文端、文正二公比，不敢不往。虽疏请改武官军营效力，以为尝试，不获所请，而仍就任。继又以谈边务而使往勘越南边界，大窘而返。类此之举，近于恶作剧，取快一时，有碍大体，若在康熙、乾隆之时，固必有以处之，不若是之狭也。丰润之闽、侯官往苏、吴县至津，不问军旅之事曾学与否，凡主战者即使往战地，尤近滑稽。

五六　阎敬铭谏阻修复颐和园失宠

本朝英主迭出，无取乎贵强之相，从未见有大臣匡君之过者。御史章奏不避忌讳，容或有之，均置之无足重轻之别，不足深论。光绪初，惟阎文介可谓大臣，直枢廷，兼绾度支。承发、捻乱后，制国之用量入为出，深合理财之法。时醇邸阿太后旨，修复颐和园，须用巨款，辄为公所靳，醇邸憾焉。会议钱法，以微过革职留任。未几复职，遂乞休。越五年，薨。邸怒犹不息，拟不予谥。查本朝大学士恤典，无此例。内阁拟字，圈出“文介”。在上意，为非佳名，故予之。

然公之耿直,虽百年犹一日也。

五七　甲申之役都中讥讽朝官联

甲申之役,都中对语最盛之时也,讥张丰润、何子峨云:"堂堂乎张也,佽佽乎何之。"讥阎文介、张文达、乌少云、孙莱山云:"丹青不知老将至,云山况足客中过。"又讥阎文介云:"辞小官受大官,自画供招王介甫;全战局附和局,毫无把握秦会之。"辞小官二语,乃文介疏中语也。又讥张丰润云:"三钱鸦片,死有余辜;半个豚蹄,别来无恙。"谓未战之先,闻彼常时言三钱鸦片殉难。及败,携豚蹄途中食之。

五八　时人嘲张佩纶联

丰润赦归,娶李文忠之女公子,时人又有三联。一云:"养老女,嫁幼樵,李鸿章未分老幼;辞西席,就东床,张佩纶不是东西。"以丰润赐环,先就莲花书院馆席,既而入赘也。二云:"后先判若两人,南海何骄,北洋何谄;督抚平分半子,朱家无婿,张氏无儿。"言丰润先娶仁和朱修伯京卿女,次娶边宝泉中丞女,后娶文忠女。三云:"中堂爱婿张丰润;外国忠臣李合肥。"当时浮议更迁怒于文忠。然观文忠尺牍,盖于丰润再断弦后,与有婚约,而不虞其战败受谴之至于斯也。丰润败后自称贱子,乃用杜甫"贱子因阵败"句也。梁星海有句云:"篑斋学书未学战,战败逍遥走洞房。"抑何可笑。

五九　杨玉科豪放任性

边帅图利，愈达而愈无忌惮。杨玉科在岑襄勤部下为健将，全滇底定，功列一等，法越之役，慷慨捐生，尤足令懦夫失色。惟生性过于豪放，是其一短。曾游沪渎，涉足花丛，任情挥霍，殊不自检。遂令东南人士致疑于滇池之地，为珍宝蓄聚之所，可望而不可即，古人所云债帅者，非耶？

六〇　朝廷重年终督抚密考

各省司道及学政，向由本省督抚于年终出具密考，以备朝廷酌量黜陟。其有治绩平常，或人地不宜，则内调候简。每年二三月，大批人员更动，且有令督抚另具切实考语者，皆密考作用。而措词偶涉含糊，即令更拟，其重之如此。浙江德晓峰方伯，在先文庄巡抚任内，欲予某甲署缺，未得许可，而先受贿。某甲人财两空，执刀立抚署官厅侧，言俟其出与之并命。首县某，戆人也，遽入告曰："某甲将行刺。"遂交首县看管。羁之客室，后有井，溺焉。文庄恶之，以其女为礼邸侧福晋，知有系援，且惩于文友石之屡击不中也，欲使去浙，年终密考，括以四字，曰"堪任封疆"。未几，方伯简赣抚。四川松锡侯方伯，在文庄总督任内，颇具干略，文庄爱其才而疑其心，年终密考，予以十六字美词。次年，召入陛见，送之曰："吾以'堪任封疆'四字，而晓峰得任方面。今以十六字颂子，行矣，勉之。"未几，方伯简滇抚。阎文介出枢府，其门人江西布政使李嘉乐、署陕西布政使李用清两方伯，同时以密考左迁。文介上疏辨论，谓为赣抚德馨、陕抚叶伯英私见，奉旨诘责。然二李虽狷介一流，不免君子之过，究胜德馨，后之读史者自能明辨。德馨即晓峰名。

六一　京人诗嘲爱新觉罗·宝廷

宝竹坡侍郎癸酉典浙试归，买一船妓，吴人所谓"花蒲鞋头船娘"也。入都时，别行水程，由运河至通州。及侍郎由京以车亲迓之，则人船俱杳，传为笑谈。壬午典闽试，由钱塘江往，与江山船妓狎。妓面有痘瘢，侍郎短视不之觉也。归途娶为妾，鉴于前失，同行而北，道路指目。至袁浦，县令诘其伪，欲留质之，侍郎大惧。以平时风骨，颇结怨于人，恐疆吏发其覆，遂于道中上疏请罪。部议褫职，报可。侍郎曾以蒲圻贺云甫尚书认市侩李春山妻为义女，劾之去。京人为诗嘲之曰："昔年浙水载空花，又见闽娘上使槎。宗室八旗名士草，江山九姓美人麻。曾因义女弹乌柏，惯逐京娼吃白茶。为报朝廷除属籍，侍郎今已婿渔家。"

六二　三文学侍从之臣狎游

于晦若侍郎、文芸阁学士、梁星海京卿，少时至京，居同寓，卧同一土炕，人心与其面皆不相同，虽圆颅方趾而大小各别，三人冠履可以互易而无不合，人情无不妒。三人中，惟学士如常，侍郎、京卿皆有暗疾，俗称天阉，不能御女。然三人狎游，尽以恣学士一人之淫乐而无悔。及得交志伯愚将军，盖称莫逆，将军非惟嗜好与三人同，其暗疾亦同，可谓奇事。闻学士曾得一房中药方，治暗疾有奇验，以与将军一试而获同等之效，再试则不验矣。侍郎夫人早死，京卿夫人终身居学士家。盖三人者，皆文学侍从之臣，礼教非为吾辈设也。

六三　萧占先西藏非战退英兵

先文庄督川第三年，实为光绪十四年，英人灭哲孟雄部，耀兵藏界。西藏葛布伦公爵伊喜洛布汪曲，率兵一万五千御之，战于捻都纳山下，藏兵败而奔。英人追击至咱利亚，又败，三败至东朗热，藏兵大奔。适江孜守备萧占先奉文庄命，往止藏番无妄动，闻败，立江孜汛帜于道。英兵见之，乃止不攻。占先与英将萨海会于仁进冈，占先曰："奈何涉吾境？"萨海曰："藏番来攻，追之及此。"占先曰："藏番吾属也，乱番可诛，良番何罪受此屠戮？君独不念中英两国之谊乎?”萨海曰:“惟然,故入境无所犯。天气渐寒,今归耳。”乃退师。知府嵇志文,从驻藏大臣升泰入藏,归述如此。川人哄传,萧守备与英战大捷,若得江浙文人点缀,是又一黑旗军台南独立矣。

六四　升泰惧英渎职

英据哲孟雄之岁,先囚其部长西金王于葛伦绷。王母及子暨亲族、头目,避入藏属春丕山。英将萨海追藏兵至春丕山坌,寻其母子不获。战事既毕,王母率亲族诉于驻藏大臣升泰,且求救。升泰惧于英,弗许。王送衣物至边,且言伺衅将逃归。升泰不纳,英人益无忌。

六五　旗籍文武二贤

咸同之际,旗籍大臣中倭文端以理学著称,一时风化颇为之转移。吾乡吴竹如侍郎,与之志同道合,蔚然为一代名臣。费莫氏文文忠公字博川,为先文庄朝殿之师,每见敬礼有加,称誉不容于口。同治初政,欣欣然有太平之象,虽恭王当国,皆公赞襄之功。及卒,李文忠叹曰:“旗人中麟凤也。”倾服如此。宗室岐子惠将军出镇成都,与文庄曾通兰谱,而见解不合。文庄不以加旗饷为然,主张以历年八旗欠饷,准其移奖实官,俾克转售得资,以济穷困。将军曰:“转售必有折扣,是亏在旗民,宜待国家财政宽裕,仍取之官。”

成都旗营兵有为盗者,照章应先销旗档、旗籍,而后加刑。华阳县知县张济,于报案公文不载其旗籍,而录于口供。文庄阅案已毕,未览供词,遽批就地正法。将军问知其故,即请将张济解职参办。文庄曰:"治盗严而加之罪,民其谓我何?愿公宽之。"将军固执不允,因之大哄。既而,交好如初。其坚忍之性,真旗人之健者也。

六六　皇室宗族远支之贫寒

旧制,景祖以上宗支称觉罗,景祖以下子孙为宗室,而格格、额驸则无限制。乾隆三十六年,宗人议准,世祖章皇帝位下子孙所生女,照例视爵封授格格、额驸,给与俸禄,其余王公之女给虚衔,推恩至四世以下。同治二年诏,自高宗纯皇帝以下各王公所生女,均为近支。照例封授格格、额驸,给与封禄,其余均为远派,仅封授格格、额驸虚衔,虽以次递降,仍推恩至五世以下。凡一朝崛起,封建亲戚,屏藩帝室,当时人数无多,未始非荣幸之事。传之既久,至光、宣之际,愈演愈众。甚至四品宗室,及格格、额驸名位,求其一饱而不可得。成都将军岐元子惠自言:幼时贫困,夜出挈篮卖萝卜,行至某处,近于其姻家,闻声延入与语,惭而逃去。余家在旧京时,车夫用一重儓,即有额驸职衔,问之则云:"非此,将坐以待毙。"逊位以后,艰苦之状不忍言矣。

六七　屠仕守奏请皇太后归政

屠梅君《请归政之后外省密折、廷臣封奏仍书“皇太后圣鉴，恳恩披览”，然后施行》一折，在醇贤亲王疏请继续训政数年之后而上者也。醇贤亲王之于德宗，义虽君臣，恩实父子。王既有此请，则是时德宗年少，圣德未宏，将以有待，自可默喻。屠侍御更陈所见，何致遽膺谴怒，其故不得而知。果如侍御之言者，可免甲午中日之战，可免戊戌维新之局，可免慈圣三次垂帘之命，可免大阿哥入嗣之举，可免拳匪作乱以致八国联军入都之惨，可免四十五年九百万万赔款本息之费。侍御此奏，关系岂小也哉！

六八　刘秉璋之缓加旗饷疏

归政、大婚两次大典，三代覃恩，赉及赫德。其余军功，督抚、提政，无论存没，皆叨异数。所遗者，惟先文庄及沈文肃二人。文肃殁已久，或一时遗漏。文庄以浙抚任内奏请缓加旗饷、增练海军，与醇亲王设施大政全然相反，致忤邸意，故不及。李文忠函，则谓邸于此事并无意见云。附录《缓加旗饷疏》如下：

叠准部咨，筹办海军经费、旗兵加饷二事，此皆国家根本之计、远大规模，臣虽至愚极陋，何敢稍有异词？惟两事并重，当先重其尤重者；两事并急，当先急其尤急者。方今外洋环伺,迭起衅端,我所以隐忍议款者,以海军未立也;彼所以肆意要挟者,亦以我之海军未立也。圣谟宏远,创立海军衙门,筹备船械,操练兵轮,此至重至急之务,万不可再事迁延稍缓须臾者也。至于八旗兵丁,皆我朝开创之初从龙旧旅,自减饷以来,不免拮据,议复原饷,固理所当然,臣梼昧亦所钦仰。惟两大政同时并举,需饷太巨。天地生财,只有此数,府库进款,岁有常经。自咸丰初年用兵以后,外备强敌,内防伏莽,各省防勇万难全撤,虽益以厘金、洋税,仍若不足。臣忝抚浙江,已叠将支绌情形一再陈奏。各省情事,虽不尽知,然屡准户部咨催协饷,开列清单,即如江苏、广东素称丰裕,亦复欠数甚巨,其余各省大略相仿。今骤需巨款,势必纷纷欠解,部议处分虽严,然只能竭其所有,势不能强其所无。两事兼营,万难兼顾,不如略分先后,期于必成。可否饬下户部,将各省协解饷款通盘筹计,不以历年派拨之数为定,而以各省实解之数为额,究竟每年能添解若干。如不能两事并举,只可先竭一二十年之功,岁提三四百万,专意海军。待海军就绪,库有储余,再议旗兵加饷。庶循序渐进,事有归宿。溯查旗兵减饷三十年,固属异常困苦,亦已支持到今。臣非敢谓加饷之不重不急也,而以海军关系较之,则尤为至重至急,故为此万不得已之说,或亦一举两全之计。至国家亿万年丕基,当筹亿万年久长之策。八旗丁口众盛,数十百年后,蕃衍生息,其数更倍于今。

即兵饷复额，万无给足之理，朝廷亦更无养育之法。其应如何安插疏通，拟请旨密饬亲信王大臣从长计议，徐图补救，是非臣之谫陋所能拟议毫末者也。

光绪十二年三月二十二日，奉到朱批：创立海军，自系当务之急。而旗兵日久困苦，何以资操练而固根本？至欲另筹安插疏通，轻议更张，尤属非是，原折着即掷还。

六九　翁同龢、张之万书画助赈

顺直水灾，常熟翁文恭、南皮张文达各作书画便面十，售赀助赈，每件二金。都人未之前闻，赈局司帐亦不知二公笔墨之身价也。忽为一不知姓名人所见，尽数买出。赈局以为利市，往二公家，再三请益，二公不允。都中以为奇谈，日往局问讯者数十起，而卒不可得矣。

七〇　光绪中叶拟续修《四库全书》

《四库全书》于本朝著作抉择綦严，集部尤甚，名望稍次，皆在屏除之列。雍乾学者，时代太近，或其人生存，格于定例，不及著录。嘉道以后，更无论矣。光绪中叶，论者多主续修《四库》，朝旨允于《会典》告成举行。未几，即有日本之败，《会典》成后，新说繁兴，百政待举，无暇及之矣。

七一　阮元一诗跻显贵

阮文达公大考,《眼镜诗》首二句云:"四目何须尔,重瞳不用他。"时高宗年近八旬,目力不减,颇以老健自喜,阅诗大喜,拔置第一。文达因是骤跻显贵,出膺强(疆)寄,入赞纶扉,躬际太平之盛。晚岁优游林下,寿臻耄耋,每逢庆典,屡沐恩施。儒臣之福莫与比伦,皆一诗之功也。《蕉窗随笔》谓其谄事和珅,授以意旨,固属诽谤之词。然公以词臣在朝,焉知宫禁细节,纵非有意刺探,其闻诸内廷行走亲近之臣,固属当然之理。和相既有师生之谊,圣躬康泰,平时自宜谈及。适逢其会,形诸歌咏,遽邀上赏,乃事实之不可讳而不必讳者也。光绪壬辰,潘文勤公为总裁,相传有钟鼎关节,亦是类而已。

七二　户部、刑部之部员上升定例

旧制,六部中户部、刑部以省分司,户部以广东司为首领司,刑部以贵州司为首领司,皆以所管之省地僻事简,令兼其事。凡部员到部,分司平时点派例差,如陪祀、当月之类,均由首领司呈单,自新进中选取之。陪祀者,春秋时享随驾前往。当月者,轮班值宿本署。匪惟无功之可言,稍不自慎尚有过失,部员皆以为苦。刑部专差,有监斩一事,尤为畏途,新进部曹咸不能避,稍有门路,往往辗转求免。观

《李莼客日记》,作书致各方请托之状,亦可怜矣。每司旗人正掌印一人,汉人正主稿一人,以旗人掌印为重。近年,旗籍颟顸者多,汉官稍露头角,亦有以正主稿执政者,俗谓之“当家”。司员初至,谓之“散走”。既而,随印、稿到堂画稿,谓之“吃面”。“吃面”者,见堂官面也。见面已频,随事讯问,应对合宜,堂上既知其人,遇有差委,谓之“乌部”。印、稿开单,堂官点派,不在单内者不点,不列首选者不点。散走得差,旗人以帮印行走始,汉人以帮稿行走始。旗人洊升帮印,而掌印行走,而掌印,而正掌印;汉人洊升帮稿,而主稿行走,而主稿,而正主稿。循序渐进,亦不越次。郎中、员外、主事补缺章程掌于吏部,不出定例之外。补缺之后,或得候补京堂保案,而内跻卿贰。或得京察一等,外简道府。虽无成法,惟资、劳、才、望四者必居其一。当时职官幸进者未尝无之,然而鲜矣。

七三　光绪中叶乡试命题之文字忌讳

光绪中叶,帝初亲政,各省乡试考官命题颇有忌讳。甲午科四川省乡试,正考官朱琛、副考官徐仁铸。第一题“必也正名乎?”适朱琛请假回籍,徐仁铸先回京。上召见,问曰:“何名之可正?”盖上以宗支入嗣,鉴于宋、明尊崇所生之弊,讳言之也。仁铸对曰:“向例,正考官出第一题、第三题,副考官出第二题及诗题。”未几,朱琛以大计免。文字忌讳,微特对上也,同官亦有之。辛卯科四川省乡试,正考官李端棻，副考官陈同礼，字润甫，吾乡怀宁人也，其后与余家联为婚姻。第三题“古之人修其天爵而人爵从之”，先文庄拟墨中有句云：“伊吕老匹夫。”闱墨刊时，润甫请于文庄，以“一”字易“老”字，言张子青相国畏言老，文庄笑而许之。

七四　二奸案谳语警策

奸案格杀勿论，按律应在奸所登时捉获。苟非然者，不能引此条为例。光绪间，粤中有本夫与妇随人逃后两年，踪迹得之于数百里外，因并杀之者，援例释罪，部员挑剔勿允。时李勤恪为粤督，杨莲府制府为入幕之宾，改判词云：“窃负而逃，到处皆为奸所；久觅不获，乍见即系登时。”薛云阶尚书在部，见而大赏之，立允其请。旧案中，女子在楼上，见墙外有小遗者指其阳示之，羞忿自尽死。欲构其罪，既无言语调戏，又非手足勾引，一老吏为批曰：“调戏虽无言语，勾引甚于手足。”乃定狱。薛尚书谓此二句尚不如新案谳语之警策云。

七五　李鸿章、盛宣怀功德过黄婆

黄婆以元至正间自崖州附海舶至上海乌泥泾，始教人纺织木棉为布。创为绞车以去核、为推弓以弹茸、为纺车以成丝。由是遍传海内，而松江、太仓棉布之利尤甲天下，上海又为松、太之最。黄婆殁后，乡里醵金葬而祀之。道光六年，以河道梗，创举海运，用上海沙船集事。于是士民谓沙舰之多，由于织布市，议建黄婆专祠以报其功。上官格不入奏，而祠已成，包慎伯为之碑文，以先棉之祀比之于先农、先蚕，文载《齐民四术》。今上海租界繁盛，几无隙地，黄婆祠所在，则人无有知之者。盖当时既不列祀典，年淹代远，久已倾圮无余，地址以价日昂贵，亦侵占皆尽，殆灭迹矣。念西洋商务，果其专心销货，弗借兵力，无意侵占土地，交易而退，各得其所，不须商人列肆，更不用使者驻京，则其奇巧之器，创始之人，吾国方且馨香顶礼之不暇，何至战争哉！佛教东来，贤士大夫多爱其玄理。即明末耶教航海而至，以私人性质，无国际交涉，学者犹乐与之游，不似末造民教相仇，其理则一也。合肥李文忠、武进盛愚斋尚书，通商惠工，功德在民，有不可磨灭者。文忠始购纱机，愚斋身亲其事，二公之泽，较黄婆为多而且遍，惜今之人思想薄弱，并世之人无敢侔之前贤往哲、比于先农先蚕。斯乃世风递降所致，非人力所能为矣。

七六　刘秉璋乞归蒙温旨之因

先文庄乞归田里，凡八上章，皆蒙温旨。李文忠公书曰："近年以来未之有也。"其后，文忠与余偶言及此，曰："此许恭慎之力也，事后乃知耳。人告尊翁，言醇贤王以缓加旗饷事，盛怒之下，得阎文介一言而解。文介终年不得见王，尊公恶乎知之？"云文忠之言自必有据。然寿州、嘉定两相国致文庄书至今犹在，皆云“朝邑之力”。寿州书云：“加饷为邸意，是劾邸也。”嘉定书云：“大疏既上，丹初誉不容口。”同一当道，而见闻不同如此。章京中有同年友传语相告，则云：“醇邸见疏大怒，曰：‘汉人太无良心，做旗人官而于区区之饷，犹吝之耶？’朝邑曰：‘王毋然，使疆臣人人如浙，则国家不患贫矣。’”章京之言未必全虚，而又有同异，可知朝政之不易知、人言之难尽信。

七七　徐致祥之薄年谊

又有一事类此者。文庄与徐季和京卿，为庚申会榜同年，嗣以女字嘉定相国之子惕祥，过从甚密。相国为京卿叔父，相形之下不免稍疏，然亲友之谊，未见因此生隙也。其后京卿章奏，附见《邓铁香集》行世，曾密保人才，以钟德祥为第一。未久，德祥两上封事，弹劾文庄。其中内幕，与京卿不无关系，文庄始终茫然。次岁，德祥以赃罪遣戍，两请捐费邀免，均奉严旨申斥。京卿虽举主而封事留中，人不之知，政府亦不能尽记，故未获咎。及京卿视学皖中，请修学宫，责命绅民出资，波及寒族，文庄见奏，乃叹其年谊之薄也。

七八　钟德祥两劾刘秉璋之查复详情

德祥弹章两上，一由湖北巡抚谭继洵查复，上以“措施失当，任用非人，致招物议”，谕令吏部议处分。及部议落职，上以“宣力有年，平日办事尚属认真，特从宽典”，明见谕旨。《国史》立传，定兴为总裁，改云：“部议留任，上谕加重”，可谓奇谈。寿州孙文正同在史馆，馆员录谕旨以请命，文正曰：“《国史》三十年复修，届时憾者早死，不复能舞文矣。”然不十年而国以亡，今商务印书馆《国史列传》所载，犹是定兴主笔之文，未之改也。一由尚书裕德侍郎廖寿丰查复，四川官运局，群以为利薮，自丁文诚时已然矣。文庄履任，夏莜轩中丞时为盐局总办，辄以旧令尹之政相告，名目甚多，无非公款取息作为公费而已。文庄曰：“以往之事，可置勿问，嗣后勿任再取。我非奏定之款，不敢取诸公中。”其时并不知后有参案也。及两使既至，中丞请秘勿宣，然册籍俱在，岂能尽掩？两使据有案者入奏，上以“宝桢于款项出入未经整饬，札提公费等多不严明，惟盐务补救之功不可没，免其置议”。两使又以“官运济楚，公私交病”为言，上以“唐炯、夏时相率徇隐，均议革职，薄责后任川督”，未加更正。文诚擒斩太监安得海，颇负重名，纵有小疵，微论其旧日局员之不欲泄也，即文庄与两使之意，推之朝廷免议微旨，莫不如是。《清史稿》列《文庄传》于丁文诚之后，以《吴武壮传》与诸淮将合为二卷，并不知武壮为文庄旧部，继为统军，故后文庄曾为请建祠，有案可稽者。《清史稿》又曰：“继丁宝桢弊绝风清之后，不特叙事兼议，有背国史体裁，似秉笔诸公，于当时朝报，未曾寓目。作史之难如此，不可不知也。”附录《请建吴提督专祠疏》如下：

臣查，已故广东提督吴长庆，原带“庆”字营，于同治元年随今大学士、直隶总督李鸿章自皖至沪。及臣以编修奉旨赴沪，经李鸿章在江苏巡抚任内照会，募勇剿贼，并将吴长庆“庆”字两营拨归臣部，由松江进兵，规取浙西。该故员身先士卒，所至有功，而克复嘉兴府城，厥功尤伟。李鸿章请恤原折言之甚详，已蒙洞鉴。今该绅等具呈前来，出于至诚，恳恩准将已故广东提督吴长庆，在浙江嘉兴府立功地方建立专祠，列入祀典，春秋官为致祭，以抒舆悃而彰崇报。

七九 吴杰生性伉直

吴吉人副戎生性伉直，在浙被议，奉调至川，先文庄用为管带，驻峨边防夷。副戎曰：“杰在浙统兵，多于此矣。”文庄曰：“领军不在多寡，尽职而已。汝不记为卒时事耶？”副戎曰：“唯公用之，敢不从命。”副戎时来省，每至督署，辄谈夷状。副戎曰：“吾初至边，辄有夷人杀人越货，追之则逃。吏云：‘向例，俟其叛也而诛之，免兴大役。’吾意，彼能来我岂不能往。其后，逐一逃人，穷追至彼寨，攻克之，令献罪人，斩以徇。自此一劳永逸，连岁无劫案。”其后，副戎守镇海炮台终身，光绪末年犹及见之。时浙绅为文庄建祠于省城，副戎持异议，谓宜在镇海，将自募赀为之。副戎旋逝世，未几国变，其事遂寝。

卷　三

一　甲午之败李鸿章难辞其罪

李文忠以大学士任北洋重镇，虽不入阁办事，而隐持国柄。法越之事，举凡用人、调兵、筹饷、应敌、交邻诸大政，朝廷均谘而后行。武进盛愚斋尚书常云："是时，吾与眉叔日在傅相之侧。公于签押房外另辟一室，处吾二人，以应不时之召。回忆年少，殊无所知，虽云仕优则学，究无所取资，半载之中，受公陶镕，平生得力之处，无过于此。"眉叔者，丹徒马建忠也，均于是役知名。

以弱敌强，虽甚支绌，未至败绩，中外尚无异言。公明瞭兵事不宜开衅，犹未知兵械两绌，不可以战。其《巡海疏》中有云"内卫京畿门户，外控藩属邻邦，俾北洋海疆千余里，有事得资援应，尚称缓急可恃"；有云"渤海门户深固不摇"；有云"修筑新式炮台，讲求制胜机宜，俾声威既张，敌情自慑"。读公之章奏，似嫌过于自满，启上骄志。光绪十四年，户部奏言，不购军械。十五年，上谕："嗣后购买机器军火各项物料，均着先行陈奏。”当时节缩经费，专为颐和园土木工程之用，公以汉臣而膺宠眷，未便与人家事，此不能为公咎者。然北洋海陆全军缓急足恃与否，渤海门户深固不摇与否，公于事前似未尽知。不然，观常熟日记，未开战先，常熟曾至津，督促宣战，公当以去就争之，何至轻于一掷，情见势绌，底里毕露，百患皆作，陵夷至于土崩瓦解，不可收拾，酿为他日神洲（州）陆沉之祸。春秋责备贤者，公不得辞其罪矣。

二　袁世凯好事喜功致朝鲜之患

日本久有雄图，惮于启衅而未发。项城为办理朝鲜商务委员，好事喜功，实有以致之。先是，醇邸致书李文忠云：“袁道捷于肆应，巧于侦察，是其所长。其人年少，未可恃也。”文忠终爱其才，未忍遽摈。及朝王丧服，求免吊祭钦使，虽渐有异志，然在中国徒虚荣而无实利，奚必有此举以树敌。项城督迫益急，挑剔字句不符，揭其行贿礼部，卒行天朝礼制。在西人为见所未见，日使尤蓄怒，祸机潜伏，有识之士咸知患在旦夕矣。

三　李鸿章言“岛人无信”

自赫德掌权之后，政府外交倚之如左右手，质言之，即倚英为援也。是时，英畏俄甚，俄谋印度不遗余力。光绪中叶,俄人请护照入藏游历者踵相接。英亦严为之备,驻藏大臣升泰,在印度屡见奏报。两国猜忌益切。英利用我阻俄南侵,与我交睦。初,伊犁之役,戈登位已崇,自请脱英军籍入伍,战事虽息,其旨微见。英海军少将琅威里,就聘任海军帅,所谓“同袍”者非欤。文忠暮气,琅威里排去,英知我不足与谋,日人从而结之。英、日既协,势乃交迫。将战,总署使赫德咨英使,英使以慎重劝而不力阻。既败,乞为和议,亦不许。文忠晚年憾英,辄言“岛人无信”,谓英于战前宜洞若观火,而不我以告;成败既见,欲早为计,又为所尼,不至败绩不止也。

四　北洋海军总查琅威里辞职

海部成立,福建船厂学生位至提镇,多有妻妾,筑室刘公岛上,平时自为嬉乐。琅威里治事严,无论旦夕,一闻令,师船齐集,将帅士卒同甘苦,行则舰长司机,泅则兵官下海,军中苦之。南巡之役,琅威里在旗舰定远,海军提督丁汝昌在镇远,至香港。当是时,中国海军等次列世界第六。琅威里上岸,方以提督之荣,炫于其乡人。暮归,帅纛移于镇远。问其故,部众拒不受命,怒而辞去。海军之败兆于此。

五　袁世凯之中表某甲

项城闻变,惧为日俘,将先归,举唐绍怡(仪)自代。绍怡(仪)请以中州之人能留弗去者,与之俱守,汴籍人莫敢应。适项城中表某甲,至汉城谋事未成,慨然自任。项城立授为随员,议协登舟。次日,敌军大至,绍怡(仪)夙与英使朱迩典善,避入英馆,礼遇甚优。某甲踪迹而往,杂居仆役之间。及相偕返国,甫登轮船,入大沽口,突抱持绍怡(仪)入海,泣述始末,谓绍怡(仪)辱己以辱国。项城两解之而不责。其后项城治兵,用理军需,屡以侵蚀败,项城不咎。

六　中日之战无人识敌情

中日战事方起,是时当局要人李文忠为海陆军帅,手握全权;直隶提督叶曙青为大将,身当前敌;项城为行人,通使命。合词请班师,以待天下公论。政府未识敌情,不知日本之不可胜,惟惧胜倭之后,俄人乘势而动,攘以为功。不知日本历年备战,兵力财力远出我上,惟责海陆军统帅意存畏葸,顾虑延宕,且惧商民之赍敌粮。又恐日兵登陆强劫军火,欲拆卸过关铁路。屡次皆见上谕当轴诸公,心目中视日本渺小之甚,犹可说也。而自顾左右,无一亲臣欲与人战,岂堪妄动?读史者辄谓宋人于女真、蒙古轻于启衅。然史者,鉴也,诸公读书而不知鉴于往事,殊难辞责。

七　"竟凭意气丧皇图"

行军之事,未有知其不可而为之者。自户部奏定,光绪十四年之后不购新械，武库已空如洗。战衅既开，一则议购英国新式三快轮；再则议购智利兵轮七艘；三则议购德国鱼雷猎船四艘，言明能行二十八迈；四则议购英国阿厂新造大快轮；五则议购德国大炮一百二十尊。船械不敌，政府未尝不知，而敢孤注一掷。寿伯符诗云："衮衮诸公胆气粗，竟凭意气丧皇图。"为庚子咏也。然甲午亦复如是。

八　中日之役主战派之首领

中日之役，主战者高阳、常熟。奔走高阳之门者项城，为常熟之耳目者，通州张季直殿撰、萍乡文芸阁学士也。项城归自朝鲜，力诋文忠设计之缓，使从己谋，可以制敌于先。光绪九年，殿撰从吴武壮率师援朝，先据汉城，拒退日本，身亲兵事，谓确有胜算。是科会试，与学士同出常熟之门，互相标榜，欲以奇计自见，实为主战派之首领。

九　蒯光典之嘲吴鉴泉

叶曙青以步卒二千，当倭一旅团，全师退至平壤，未始无功。然区区小事，侈陈功绩，大开保案，宜乎受人指摘。吾乡吴鉴泉观察与于是役，事后痛定思痛，言惶遽之中失履以袜行，苦不堪状。蒯礼卿京卿笑云："所谓刬袜步香阶，手提金缕鞋。"言之可哂。

一〇　甲午之战其败固宜

叶曙青名志超，先为骑将，逐捻贼余众于淮城东，擒斩逾万，捻首赖文光奔扬就获。东捻以平，志超以功洊升直隶提督。治兵有法，行营中自立武学，以练军校。至今其裔孙，犹有列名于军伍者。卫汝贵者，盛军偏裨。周武壮、刚敏兄弟相继薨，汝贵代领其众，李文忠颇赏之，常致书文庄，论吴武壮辇金朝贵而及之，云："公部下少人材，不若周氏兄弟，则筱轩为之也。"志超、汝贵帅师分道至朝鲜，以间色服装，持旧式器械，用密集阵法，而且无工兵为营垒，则战守咸失其宜；无辎重以输运，则前后不能相顾。一旦与日人遇，寡不敌众，缓不济急，其败固宜。

项城为丁汝昌请恤不得，慨然曰："甲午之役，吾身在军中，闻溃卒言汝贵持刀立阵前，督军力战，日人颇失利。未几，援军大至，势不可当。其败也，譬如机器，以引擎、锅炉、马达速率之不敌，出货固宜不若。仅归咎于货出之一部，谁任其咎？以余观之，朝廷赏罚之公，虽汝贵亦应赐恤，遑论乎汝昌。"

一一　李鸿章将门无子

我师集平壤，势均，相率乞文忠公子伯行星使为帅。张幼樵副宪时参文忠幕，争曰："谓将门有子，仲彭、季皋宜当此选。公之弟且不以能战名,何有于其子?”文忠徐言曰:“固知,非太尉不可。”副宪曰:“此为公也,非自谋也。”文忠乃复诸将电云:“方儿向未亲行阵,吾更难内举不避亲”云。

一二　诏夺李鸿章三眼翎褫黄马褂

平壤之败,诏夺文忠三眼翎、褫黄马褂。次日,伶人赶三演《丑表功》,去保儿插诨云:“我有汗马功劳,奈何夺我三眼翎、褫我黄马褂?”其时勤恪公子经楚佑三明保入都,市井无赖怨赶三者,假佑三名,俟其出,执而鞭之。赶三寻死。余尝戏问佑三弟叔云云:“令兄奈何辱死名伶?”叔云曰:“谓吾兄杀人者,未免誉之过甚。吾兄闻淮军败,傅相受斥,正不知匿于何所矣。”余亦为之失笑。

一三　八一八大海战

将战,当局知器械不利。海军客将献策购新舰,别成一队,袭敌后路,多方以误之,使彼不敢轻出全力,萃于我师中坚。诚良计也,然屡议而屡败。彼外交利而我钝,益束手无策。惟恃两铁舰,而十寸口径之炮弹,时只余三枚。津沪各局能铸较小之径二又半者,强配之以应敌。

八月十八日,我陆师闻平壤败,将渡鸭绿江为后援。海师泊于口外,食时遥望浓烟一缕,知日军且到。我军本作双排,如篆书二字形:以镇远、定远、致远、靖远、超勇、扬威为一队，而镇、定两舰列左右角；来远、经远、济远、平远、广甲、广丙为二队，而致、经两舰列左右角。强者当先，弱者在后，本英将琅威里所练阵法。提督丁汝昌率诸将立于望台上，指挥诸舰应战，客将踊跃，谓堪一试。令下，阵容大变，横列为一字阵，强居中而弱为辅，愈弱者愈落边际。弱舰觉处危地，退避稍后，全军遂成半月形。汝昌不谙军事，总兵刘步蟾掌旗号，实为此谋，以图自免。定远望台，为平时觇远之资，下有巨炮，战时折叠弗用。步蟾将发巨炮，未计及此，一轰而裂。汝昌倾坠，不复能与战事，号旗之干，经一炮而折。我师失所指挥，众心益涣。日军作双行，鱼贯而至，船迅炮捷，如疾风骤雨，势不可当，攻我军之右，直冲而进，以达于后，圈超勇、扬威两舰于阵外而歼之。燔广甲惊遁，敌舰比叡、赤城、西京丸受重伤，不支而逃。日移军攻我之左，复用前法穿插，使致远、经远、靖远、来远、平远、济远、广丙七舰，与中军镇远、定远截为二段，夹攻之。致远力战，被重损，将湮，欲毁一敌船，与之俱尽，驶入日炮密集之处，几至而没。管带邓世昌，救起不欲独生，奋掷自沉，死事最烈。同时，经远管带林泰曾战死，船毁。来远、靖远、济远均着火，济远先逃归，来远、靖远且战且熄火。镇远、定远奋斗甚猛。其时敌军尚有九艘，以四舰当之，自日中至暮，胜负不决。日船小于我，速率倍我，不敢夜战，令船松岛受伤至重，几弗能兴，乃全师而返。我师亦旋。

一四　丁汝昌惟求一死塞责

丁汝昌夙将骑兵，以统海师，朝廷用人自为失当。汝昌屡受督责，欲战，自知不敌，惟求一死塞责。大东沟之役，仓卒应敌，不知学理，立定远望台之上，致被震仆，反谓日炮击毁，倾覆受伤。朝臣不知机械之学，无从指驳，外人见之，无不匿笑。然汝昌见危授命，较之临阵脱逃之方伯谦、服毒呼救之刘步蟾，高之奚止一等！于以知旧道德犹胜于新知识。

一五　聂士成有幸有不幸

诸军至平壤，正当论功请奖、志得意满之时，总兵聂士成先归，回直募勇，不任覆军之咎。其后守连山关隘，不当日军要道，反以见功洊升直隶提督，可谓至幸。和议既定，独领一军拱卫畿辅，周旋朝贵，颇为一时所重。其于叶、卫之失机，归过于李相之轻任，当淮军气尽之时，尤能以此自别。然士成为鲁伯阳之姻，曾假以巨资，贿买上海道缺，损其资三之一，不啻掷黄金于虚牝。天下事有幸有不幸，诚不能一例而论。庚子之役，士成力战阵亡，死事颇烈。上以多年讲求洋操，原期杀敌致果，乃竟不堪一试，责其不能退八国联军。时论颇为之惜。若追论平壤之事，则可矣。

一六　北洋淮军气数之尽

承平日久，北洋淮军仅存三部。一盛军，歼于平壤；一亲庆军余部，即先文庄解兵柄后，吴武壮代领而留卫畿辅者也，武壮征高丽薨，张光前、黄仕林分驻旅顺，寇至皆溃走；一铭军，刘壮肃曾与文忠要约：继为统领者，必以刘氏子弟。是时刘盛休为将，文忠知不能战，而耻于全军覆没，不以当敌。文忠始终维护此军，幸而瓦全。己亥，文忠复出督粤，光前往贺，述及曾至无为谒文庄而拒弗纳。文忠曰："汝败军之将，不见宜也。"既而，仍用为粤中防营统领。文忠于淮部，究有念旧情也。

一七　劣械案李鸿章手批甥颊

宋庆，旅顺守将也；刘盛休，大连守将也。庆调赴边，御敌于鸭绿江岸；盛休调赴平壤前敌。乃以赵怀业新募六营守旅顺，徐邦道新募四营守大连。倭师过鸭绿江，中朝震荡，几于手足无措，不啻驱市民而战之，安得不败！

文忠庖人罗之婿某甲，为信义洋行犹太德人满德之商伙，奔走于诸将之门，承买军器。诸将至督署求见，某甲辄为伺文忠起居而恰当其候，诸将大欢，咸乐与交易。及败，日出一军渡鸭绿江，趋辽沈；复出一军由海道至貔子窝，取大连、旅顺，如风扫叶。吾国上下，无智愚贤不肖，咸知不敌。时帅府方主购械,而料其无益,或朋比某甲,蚀其金而尽予以敝者。建德周玉山制军,时以开缺按察使掌前敌粮台,力送至军,辄取复文为证,弗任运输不继之咎。诸军见敌,尽弃军实而走,器械尽失,即良窳无所分。文忠内幕,不至有簠簋不饬之嫌。于是诸将无罪可逭,卫汝成、聂桂林、赵怀业、黄仕林相继就逮。

劣械一案,文忠甥张楚宝观察在天津司军实,独知其隐,辄阴伺之而不肯言。暨事外泄,群矢集于观察,报载文忠手批其颊。时先文庄以事怒表兄程邦柱,而眷念旧谊,不忍遽绝。一闻此事,笑曰:“吾甥固胜于彼也。”

一八　都人嘲文廷式之打油诗

珍、瑾二妃幼年,文芸阁学士曾授之读,学士与妃兄志伯愚侍郎为至友,密近宫闱,举动尤为众所侧目。甲午大考翰詹,学士一等第一。蒯礼卿太史为隐语云:“玉皇大帝召试十二生肖,兔子当首选,月里嫦娥为通关节。”传为笑柄。及鲁白阳案,二妃以受贿贬贵人。时东事起,侍郎上万言书,虑陪都有警,自请募勇设防。奉旨赴热河练兵。方在军中,未逾月,左迁乌里雅苏台大臣。都人为打油诗曰:“一自二妃失宠来,伯愚乌里雅苏台;冰山已倒冰蛆散,愁煞江南李木斋。”木斋为当时清流,与侍郎友,故连及之。

一九　翁同龢不治败将

田庄台之战，吴大澂为统将，当平壤之叶志超、魏光焘领重兵，当平壤之卫汝贵，狼狈尤胜于前役。常熟翁相当国，均置不问，且使回任供职。异日翁相得罪，大澂连坐，舆论无有冤惜之者。

二〇　聂士成等“虚报战绩”

日本军锋所及，当者辄靡。是时，其兵未若后日之众，皆在沿海一带，与舟师相接应，且利以入关，无暇他顾。九(大)连、凤凰两城，虽克勿守，金、复、海、盖均下，舍辽阳不取，卷甲西趋，急攻牛庄。山东荣城、文登，既得旋弃。兵舰游弋，已近大沽口外，其意可知。聂士成守连山关，以克复凤凰城为己功。依克唐阿、长顺守辽阳不失，以为陪都保障，且盛称东山猎户之力。而辽阳州知州徐庆璋，因此而有徐青天之称。所谓虚报战绩者，非耶？

二一　甲午战败都中讽当朝联

德宗入继，窓斋中丞上疏请尊崇所生。上以醇邸原奏昭示天下，其中晓谕之词曰：“吴大澂果有此奏。”迨中丞兵溃于田庄台，奉谕议处，其中诘责之辞曰：“徒托空言。”都中集为联云："果有此奏；徒托空言。"是役都中诗词联语甚多，兹录五联。一曰："万寿无疆，普天同庆；三军覆没，割地求和。"二曰："台奉二百兆，一分薄礼；翁孙十八子，三代同堂。"谓常熟、济宁、合肥也。三曰："送台湾，翁孙双定计；使日本，父子两全权。"四曰："相国合肥天下瘦；司农常熟世间荒。"五曰："卫达三呼冤赴菜市；刘坤一挣命出榆关。"又有诗曰："军书旁午正仓皇，又见尚书访鹤忙。从此儒林传雅话，风流犹胜半闲堂。"甲午冬，东单牌楼二条胡同翁常熟尚书宅逸出一鹤，尚书自书"访鹤"二字于门外，故有是诗。

二二　中日议和

中日议和之始，张荫桓、邵友濂为专使。荫桓请训，时上谕以"偿兵费可许，割地不可许"。总署为拟漆书云："有关重大事件，须电奏请旨。"两使衔命至长崎，日本问有全权否。对曰："有之，惟须电奏定议。"日人谓权力不充，拒之不纳，而示意须李相来。朝廷不得已而使之往，且允割地。既得所欲，旋为俄、德、法三国干涉，日人惧，惟取台湾而归我辽东。是时，日本兵力如是而已。

二三　中国败于离心离德

日本之胜中国，所谓彼胜于此则有之。是时，日本兵法未臻精密，尤其甚者，海军之脆弱也，外交情形，亦复茫昧，所仅知者唯联英一国而已。大东沟之战，日本阵法，识者谓以中国舟师吨数，苟驾驭得法，足以剪此而有余。当时，伊东祐亨海军知识犹极幼稚，与其言战，毋宁谓之历练胆识，姑试之云尔。日军力竭而遁，既而余舰补充，商船改造，仍耀威于海上，乃举国一心之效。吾国舰队残不成军，伏匿不出，江、浙、闽、粤四省督抚作壁上观。政府设施，唯知诘问北洋，以窘淮军。上下离心离德，自取覆败。我愈钝，敌愈利，天也。马关和约，群雄环伺，伊藤陆奥岂不知远东之为禁脔？而几幸中国之昏暗，俺得俺失皆于俄顷间。中国当道遂举此以例孤悬海外之台湾，屡求乞于伦敦，迄无效果。其愚诚不可及。然与彼时日本之军事外交相较，亦百步五十步之间耳。

二四　亚洲门罗主义

当时西人议论，谓日人明知辽东割让必启外人干涉，曷不早为之计，使伊藤博文于中日约定之后留李相勿遣，以辽东归之，胁与订中日联盟约，亚洲门罗主义，其庶几乎。

二五　台湾拒日

台湾之不能自立，无智愚皆知之。唐景崧、刘永福未尝不晓然于中，其所以敢于拒日者，离乱之中浑水摸鱼计也。

景崧七日而亡，永福一战而溃，人早料及，固无足异。杨西园尚书遵旨内渡，率所部归，不伤一人，不折一矢，身名俱泰，其识固加人一等矣。景崧，同治乙丑进士，少有文才，曾作谜云“荡妇灯下制郎冠”，打唐诗一句“碧文圆顶夜深缝”，甚为京师一时传道。

二六　李鸿章之嗣子李经方

和议既成，慈圣颇欲根究主战者之罪。以高阳老成且为穆宗师傅，不疑之及，意专注于常熟。于是，吴大澂已复任而寻免，汪鸣銮突然被谴，俱常熟里党。其时常熟之帝眷未衰，犹为曲谅，故仅披其枝叶，而未伤本根也。

李文忠以洋务为世诟病，嗣子伯行侍郎尤被其祸，甚至谓其婚于日本皇族。袁爽秋太常，先与有儿女姻亲之约，甲午之后，至绝其婚。其为众口所不齿如此。人三成虎，不足为奇，莫奇于当时士大夫随声附和者之众也。惟刘壮肃及袁项城贤之。壮肃曰：“伯行至金陵应秋试，吾入其寓之门，无门焉者。因而入其室，主人方读文，专心致志，若未见客之来也者。吾近察之，书几上置角黍一盘，糖一匙。因近墨盂，读时目视书，而手取角黍蘸糖食之，误蘸于盂，墨沈淋漓于口角，于此足征其好学。”壮肃始终敬礼之。项城小站练兵，东海为掾属，偶然谈及，项城曰：“公等知伯行为何如人？”东海曰：“吾习闻京师南城士夫之议论，知其李傅相之不才子也。”项城曰：“彼以李傅相之故，而屈抑其能。苟非为傅相嗣者，其名位必不止此。以吾观之，朝廷不欲求贤则已，果欲得人，此真天下才也。”其倾倒如此。洎项城得志，坐镇北洋，遥执朝政，侍郎素与有旧，段芝贵为居间，攀援而得任英使。过津，侍郎执下属礼甚恭，项城以兰谱答之，欢若平生。既而，项城罢官居洹上。侍郎三载任满而归，以武进盛尚书之荐署邮传部侍郎。入京供职，道出彰德，咫尺之远，未往谒见。旋继梁燕孙之后任铁路局长，将项城左右素豢养于九路者，裁撤大半。侍郎久于外省，未谙酬酢礼节，致忤权贵，非其本怀。因此与项城绝，以晚节终，可谓幸矣。

二七　候袁大少爷成军

中日战罢，高阳李文正用项城为将，以新法练兵于小站。文忠自马关归，偶与语及，曰：“余败军之将。候袁大少爷成军后，可以一战。”项城闻言，憾之终身。

二八　四川教案

先文庄督川八载，遇教案两次。未履任前，有重庆教案，教绅罗元义纠众械斗，致伤人命。文庄至，枭元义以徇，法使争之，不许，而乱立止。大足教案，薄给以资，令移教堂以去，民教均服。甲午之冬解任，受代新督两易其人，未及至蜀而事发。是时，民仇教甚，不数日中，蜀境教堂几毁其半。适当中日战役之后，公使、教士气焰甚盛，朝旨罢川督职以谢。观于《中东战纪本末》所载路透电，言英、法两使皆自言功，而不知其故。其后，闻于李文忠公，曰："军败于外，祸发于中，是予之过也。夫惟时英使日至译署，噪于恭、庆两邸前，请镌川督职。予方议日本商约，遇恭邸，问曰：'川事奈何？'恭邸曰：'任如何，必不许。'是日，恭邸以他故先去，而庆邸诺焉。予素知川中教堂多属坎拿大，今兹教徒呼吁，正坎产也。坎虽属英而隶藩部，英使曷故而争？译署曷故而许？均出轨道之外。"观此，可见数十年前之外交。

二九　清廷初次偿日本款

初次偿日本款，在日兵临境之时，太后以部款不足恃，出内帑二百万两。张樵野侍郎时在户部，召见时言于上曰："臣任户部，奉职无状，致动内帑，俟库款稍裕，当先筹还。"上变色曰："斯何时也？何须预筹。"及此，侍郎窥伺上意不满于太后。因受帝眷，不免过献殷勤，故及于祸。

三〇　译人鱼目混珠

甲午以前，译才绝少，伍廷芳、罗丰禄皆北洋一时之选。李相入阁办事，丰禄中西文并佳，得留直隶，禄位如旧。廷芳随李相至京，议日本商约，日译路透电文，令人以精楷写之，呈诸李相。一日，问曰："汝自书耶？"对曰："然。"李相曰："嘻，罗丰禄谓汝不识字，何其言之甚也？"顾视其公子季皋，曰："固胜于汝。"适仆人以路透电至，公子请曰："译署索取，曷令就此译之。"廷芳大窘，转求其解，且问文体于公子，而草草录出，字皆如指顶大。李相一见，曰："汝年尚未衰，目力胡以类于老光？今日未携尔眼镜来耶？"一笑置之。先是，有浙江许甲者，与李夫人有戚谊，需次直隶。李相以其年少，命其至幕府美人毕德格处讲习西学，甲漫应之而终未往。将及年余，一日召洋人某乙入署摄影，用甲通译，甲闻之大窘，急走告毕德格，先见某乙为道其情，约以手作势而唇吻任意作声。李相不通外国语言文字，见甲与洋人应对裕如，以为可用之才，曾不知其口中喃喃作何语也。有间，以为洋务局员。老辈之易欺如此。又数年，李相出督两粤，旧日舌人星散，仅携医士麦信坚自随。道出香港，酬酢中应有祝辞，皆毕德格预为之捉刀、麦信坚背诵而已。大廷（庭）广众之地，竟能鱼目混珠，此今人幸进之心所由起也。

三一　李鸿章至欧订中俄密约

文忠使俄，慈圣召见于便殿，问曰："汝知使命之意乎？"文忠对曰："未也。"慈圣曰："中国败于日本，汝辱斯甚，国耻如何？今命汝西行，联络欧洲，抵御日本，慎之勿懈。"文忠至欧，乃有中俄密约，与俄主面订。同时虽泄于外，多出各国外交家所揣测，其真相未显也。中俄皇室相继倾覆，条约毕露。

三二　二李大哄

李相两次出国，皆以嗣子伯行侍郎自随，缘侍郎曾习英文，以为行李之便而已。马关定约，李相与伊藤会议场，侍郎欲有所言，李相辄更使勿发。随员中苟有所见，则令临时略书数字观之，以便采用。此人人所共见者也。初，中日和议，文忠知难辞谢，然辞气之间不无踌躇。高阳李文正矢之曰："好为之，所不与公祸福相共者，有如天日。"约定，而文忠大受攻讦。及俄都使节将行，朝旨命仲子随往，文忠为伯氏固请以行，文正曰："父子同日受命，主恩隆甚，于公足矣，何必伯氏？"文忠盛怒，历举日约之任怨且讥文正之食言，二公因之大哄。未几，文忠面圣，竟得所请而去，文正亦无以难之也。

三三　蒯光典学识宏通

蒯礼卿京卿学识宏通，吾乡人士近代以来，殆无以加焉。京卿以光绪九年成进士，朝考文字为丰润张幼樵副宪阅卷所见，大为激赏，拟为首选。高阳同为阅卷大臣，抑置稍后。既而，副宪娶于李相之女，京卿娶于其弟之女，殊不相悦。副宪语及阅卷事，辄曰："吾目盲矣。"京卿通籍，正当清流风气大盛之时，不免稍有沾染，毕生尊高阳、南皮若山斗。甲午后，乞假南归。及李相使俄，遇于沪上。李相见之，责斥备至。京卿突起立曰："我有三字奉中堂：不佩服！"扬长而去。李相怒呼曰："小子！小子！汝父若在，必施汝以夏楚。"然亦无如之何也。京师贵人门役，对于有求者辄靳之以取利，至于榜下门生、衙门属吏，为之通报曾不少游移于其间。惟张文达之门者以戆著称，宾客来者多畏之。一日京卿至，门者问曰："汝数数来者何耶？"京卿曰："我想中堂。"同行者忍俊不禁。

三四　宦途关系网

燕俗重气义，居燕久者亦沾染其俗。门生传衣钵最为密切，因师生而及年谊。年谊之外复有乡谊，论其交道，古义可风，毋惑乎其鄙薄南人之寡恩也。

京中有《讥贫乏》打油诗云："先裁骡马后裁人，裁到师门二两银。""二两银"者，惟座师乃克有之，朝殿老师京钱八千而已，然三节两寿均不可少，总数为不轻矣。门生以此敬师，苟并此而吝之，是绝望于宦途也，故诗言及之。杨渭春观察为工部主事时，贫至不能举火，乃上书假贷于孙文正，其壬午乡榜座主也。文正出书，其家人诧曰："门生而乞助于师耶？"文正曰："唯然，必与之，彼非情急，而肯作此请乎？"及文正由总宪授工部尚书，观察正其属下，因以第一优差琉璃窑予之，知其匮也。于此，可见前辈师生之谊重。

至于年谊，近年以来，惟闻仁和王文勤举其年家子善化瞿文慎为枢臣，入参密勿，其事最著。然科分关系，数百年来京人视之，几同结社。每科一人之兴，而京外官僚以下，至微员末秩，依附而起，何可胜道？同乡之人，生同里闬，若在本地，人人皆是，奚足为异！移而外出，以希为贵，便有香火之情。

京师为各方人民聚集之所，派别既多，桑梓益视为重。于是设会馆以为公共之处，始而省会，继而府县，各处林立。此等天然之党籍，较之树一义以为标帜者，未知利害奚若。在闭关时代，由座主之关系，或州域之关系，天然成为同志，谋公私利益而共守伦常大义，以辅国家太平有道之长基。较之罔利营私、漫无限制者，损益相去，不啻倍蓰矣。

三五　讼师迁墓

往日之讼师，恶名也，其事则律师之事也。家敏斋购宅外隙地，上有土邱，相传以为无后之墓，地主请移之去。敏斋曾任甘肃陇西县令，知有不合，商之本地讼师王清臣。使一无赖某甲，自承为先人窀穸迁葬。方将掘土，市中别一无赖某乙，持香烛至邱前拜哭且诉，谓其家三世祖坟，非甲所有。掖之出，愤去，言必讼。既而掘至邱下数尺，中无所有，乃知称墓之误。甲方惊讶，清臣令往钱家坡乱冢中觅一死柩，移至其家启视，仍封如旧，朝夕奉祀，以备讼事。质讯之日，官问曰："既为尔祖，当知其为考为妣？"乙支吾莫对。甲滔滔具陈柩内情状，验视果然，乙遂败。

三六　清廷第二次偿日本款

日本二次偿款届期，常熟为大司农，仰屋无策，求计于恭邸及合肥相国。合肥与俄使议，密约借罗布一万万。南海张樵野侍郎曰："一万万何济？若得二万万，将三次兵费一次偿之，既省借息，且免日军驻费。"合肥以为难。既而谋之英使，欲影射俄事以动英，而俄约渐泄。英使碁中俄交密，昌言曰："中国借款，列强利益均沾，何独偏于俄？此约果行，中国铁路应借英款，且另辟通商口岸以为报。"俄使又以泄漏密约相诘，总署甚窘，南海居间调停，两国分借，迄无成议。时中国通商银行方创始，总办盛宣怀与海关欧人某订草约，借五千万两，通商银行作保。电告总署，合肥、常熟皆喜。南海曰："此必无之事也。通商银行资本号称百万，尚不敷借款一年之息，何能担此重任？"已而果然。其他各国商人纷纷奔走合肥之门，百计承揽，一经查核，转瞬皆虚。南海谓常熟曰："公毋与合肥谋矣。吾帅外交如宁武子，愚不可及。"常熟曰："如之何而可？"南海曰："欲借英款，莫如用赫德。赫德我雇用人也。"乃以盐税、厘金作抵，筹借商款。将户部暨总署全案，查交赫德，议乃定。从来洋债有回扣，二公秘密不可知，然媒孽者藉此为词，而祸自此伏矣。

三七　张荫桓一身是胆

张樵野侍郎患慈眷之衰，使英时，立豫甫为之谋，曰：“归，宜有珍奇之献。”及反，献祖母绿宝石嵌金钢钻镯于太后，献红宝石嵌金钢钻于皇上。祖母绿以重价购于法宫旧皇室，御用物也；红宝石为洋匠伪制，光彩夺真。先献上，上谕命并献太后，由立豫甫介总管李莲英以进，蒙恩赏饭。惟豫甫觉其伪，常谓人曰：“樵野竟于上前鱼目混珠，可谓一身是胆。”

三八　二公寒暄之辞

丁酉秋，各部尚书九卿，皆以别故，难与总裁之选。李文忠欣羡得一试差，以补生平之缺憾。时于晦若侍郎方在其幕，曾为拟策题五道备用。善化瞿相国方简詹事，惧不得学使，而知来年会总之无望，颇有希冀之意。一日，当孟秋之末，善化在文忠所，预贺其简在帝心。文忠曰：“吾老矣，纵有是事，其何能为！所望者，与子同膺简命耳。”二公寒暄之辞，《梦蕉亭杂记》以为先得消息，盖传闻之误。

三九　科举末造迭掌文衡之由

钦命试题，光绪年间多寿州孙文正公代拟，以书一册折角为记上呈。《四书》文、经文以监本进,无可更改。诗题初出于《唐宋诗醇》,继改用乾隆中尹文端所编《斯文精粹》,复改用《御选唐诗》。光绪丁酉以后,帝年已长,择句无须乎人。故自壬午会榜之后,孙文正公从未膺衡文之命。洎科举末造,迭掌文衡乃由于此。

四〇　各国使臣飞扬跋扈

甲午之后,各国使臣皆彼中一时之杰,利于彼必害于我,自不待言。英使窦乐泰、法使施阿兰、德使海靖、俄代使巴布罗福,尤称魁首。

滇越边界签约之日,恭邸取阅地图,施阿兰强之画诺。及章京以图进,悔已无及,不特蹙地千里,并缅甸瓯脱而亦弃之。窦乐泰大哗,予以其他地,乃已。

是时,总署大臣匪惟弗悉敌人趋势,即外人之性情、礼俗而不知,往往在我以为侮,而在彼不觉;在我以为礼,而在彼有不能堪者。海靖初见,译名曰"海静",恭邸曰:"君来寻好,而名旁有争音,非佳象也。吾为君留静之左青为音,而加立为形,曰'靖'可乎?"海靖大悦,自此改名。恭邸亦大悦,以为是固可以狎而玩之也。孰知德文译音之字,外人视之何足轻重,徒费口舌而已。未几,各国使臣入觐,毕,随摈者循廊而退。海靖径自阶下,敬信挟其臂,使从行。海靖夺臂去,众宾中有从之者。于是,朝仪大紊,总署诸臣愤海靖无状,拟加诘问,南海张樵野侍郎不许。旋德使馆来书,责敬信失礼。事闻于上,屏敬信勿用。海靖气益张,卒夺胶州湾。自此而后,译署闻海靖至,几于谈虎色变矣。

然德取土地,藉口于教案。俄与我有密约,继索旅顺、大连湾,巴布罗福措词为尤难,而亦如其欲。故当时说者言海靖以刚、巴布罗福以柔,及其成功则一也。

四一　俄之大错

俄之大错,莫如俄、德二主彼得黑府之会,纵德以取胶岛,俄因势而租旅大。俄主权重,大臣争之不得,遂启日俄之衅。数百载皇族因之而覆其宗,数十世舆图且以此而变其色,英雄能造时势,岂惟英雄能之哉!庸主之一颦一笑,固未可轻也。

四二　列强瓜分中国

德据胶州,使臣海靖忌李文忠为梗,致书总署,言中国威名夙著,而平素轻己之某大员不欲与议,于是文忠摈不与闻。而常熟翁尚书、南海张侍郎受命专办胶案,尽从德人之请,唯鲁抚李秉衡获免于咎。常熟颇自幸,言"国体所关,人材可惜"。文忠笑云:"然则川案之无人材,虽被黜,亦无关于国体,可以概见。"常熟亦笑,无以应也。德、俄协以谋我,胶案即结,未几即有俄租旅顺、大连之事。适当戊戌会试,文忠方希冀试官,闻俄使巴布罗福有所请求,知为己任,笑曰:“衡文之事,殆无望矣。”时公方中谗,于此种外交,更无能为力。于是,俄租旅大、法租广州湾、英租威海卫,得所求而去。及慈圣临朝,意索三门湾,百计恫喝而无所得,使臣解职去。自此,外人需索戛然而止。乃知两阶干羽,威格有苗,古人并不欺我。

四三　李鸿章之洋幕府

毕德格者,曾为天津美领事,慕文忠之名,舍官就幕。筹筑关内外铁路,为中国铁路之始基。公子伯行从之习英文,曾见《曾侯日记》中所谓“美人白逖克”者是也。公子季皋朝夕与游,亦从问学。文忠入阁办事,居贤良寺,与闻要政,苟有事至使馆,必使之往。德据胶澳,衔朝命晤巴布罗福,俄卒无所助。此中国昧于外情,犹未知俄、德两君会于彼得黑府之事也。

四四　康有为入朝缘起

常熟相国与南海张樵野侍郎生连带关系,自康案始。乙未会试,常熟披落卷,得有为而中式。有为有知己感,欲上书自见。以张侍郎为其乡人,较为亲近,乞为书,先容,常熟允之。及往,仍拒弗纳。侍郎问之,曰:“此天下之才也,吾无以处之。”及丁酉岁,有为再入京。常熟知上意求新,遂荐诸朝。恭邸曰:“额外主事保举召见,非例也,不可。”无以先之,乃命于总署见。会年节伊迩,无暇及此。戊戌春正月三日,庆邸、合肥、常熟、南海见有为于总署。未几,有为上书言事,上交总署议奏。章京持以请命于常熟,曰:"准乎?"曰:"不可。"曰:"驳乎?"不应。曰:"然则奈何?"曰:"择其可者而许之。"于是议准二事,曰"商务",曰"矿务"。总署诸公以洋洋数千言,条陈十数事,仅允其二,惧失上意,不得已奏请军机会议,枢府诸公惟恐任咎,拟旨会同王大臣议。迨奏上,准者过半,有为自此获上。及有为得罪,常熟、南海皆列名康党,实非二公本怀。

四五　年终密考渐失其本旨

年终密考,少则四字,至少二字,至多十六字。盖以备万几之暇,知其人之大略。非为作传以概其生平,亦非为作论以较其长短,固无须乎多也。向例由军机大臣资望在先者呈览,政府中新进不尽知也。丁酉年终,李文忠问翁文恭曰:"近为何事,而冗若此?"文恭曰:"日与兰孙抄录密考,不胜其繁。"文忠曰:"曷不使子密为之?"文恭曰:"子密笃于交游,惧其先以报喜也。"以当时钱侍郎之资望,尚不能预于机密,他可知已。宣统以后,则携出誊录,视之不若往日之重,朝廷每年黜陟之典亦不尽行。滇督李仲轩制府,于每人密考各二三百言,于是失密考之本旨,视如例事,枢臣亦公然携出录副,无复秘之可言矣。

四六　京朝官重前后辈之礼

京朝官重前后辈之礼，翰、詹、科、道、枢廷向有此称，相沿成俗。俄租旅顺、大连案，李文忠主稿，画诺后一日，遇许筠庵尚书，问曰："旅大事奈何？"文忠曰："与之。"尚书大诧，曰："中堂不知译署有同官耶？而自为政也。"文忠曰："尔足不至署，谓予能日至而家请命乎？尔无多言，他日予将至清秘堂判曲直焉。"尚书为之夺气。翰院之制，后辈无礼于前辈，直呼至清秘堂服罪，文忠盖以此窘之。尚书虽贵，未敢抗也。周镜渔廉访为军机处领班章京时，有新进传到前问其字，廉访立呼苏拉入室。苏拉者，清语仆役也。谓之曰："汝领此君出，以我籍贯、姓字、官衔、寓所告之。予有公务，未暇与叙寒暄也。"廉访丰裁过峻，未免令人难堪。部曹之中，虽无前后辈名称，然尊卑判别出于天然。新进到部，分司入室以后，仆役引见本司所有人员，自印、稿以下皆一揖而退。印、稿略有问答，乃列之至末一座，同官籍贯、姓字、官衔、寓所，均令仆役开单记之。不敢面询也。次日，按单登门往谒，或遇或不遇，不遇则再往。继而因友及友，介绍属托，渐次相习，乃择日宴请同僚，杯酒联欢。自此而后，升沉进退，皆托命于印、稿。纵有年姻故旧转相攀附，不能逾此范围之中矣。

四七　读《越缦堂日记》

《越缦堂日记》近日颇有盛名，常（尝）浏览一过，记之如下：

（一）

莼客记所读之书全无宗旨，嫌其太杂。经史子集无一不有，读之未毕，随手札记，难免首尾不贯。如经学之《禹贡锥指》《尚书古文疏证》《诗毛传疏》《左通补释》《左传贾服注辑述》，小学之《骈雅》《说文佚字》，史学之《纪载类篇》《野获编》《明季北略》《明季南略》《小腆纪年》，金石学之《金石史》《石墨镌华》，别集之《道古堂全集》《味经堂遗书》《焦氏丛书》《蛾术堂全集》《景紫堂丛书》，多长篇巨帙，或专门名家，在他人毕生精力所在，仅看一序，以一日了之，便加评语，谓之读书，孰能信之？最可笑者，丛书目录抄写多种，连篇累牍，视为珍秘。其至搢绅录亦删节记入，无复著书之体。同光以来，文人不笃志于学，咸以书籍作谈柄，为欺人之计，悉是类也。

（二）

点阅之书，日记中仅见三种：一《周礼注疏》，一《吴梅村集》，一《戴东原集》。皆一二日即止，揆厥情形，恐未终卷。又，一日读《杜氏春秋经传集解》，于惠氏、马氏、焦氏补注、高氏《地名考略》、江氏《地理考实》、邵氏《南江札记》、王氏《经义述闻》、邵氏《规过持平》同时并进，一日而终。虽精力过人，恐无此理。

（三）

论诚字工夫，须自然，不须逼促。惟学问之道，苟非上智，无不从勉强而行之始者。莼客平生近于放浪，皆此说误之也。莼客于小学未识门径，始讥陈珊士、孙莲士作字从篆体。同治五年四月以后日记，摹仿《说文》则诚之谓何？谓酒垆之“垆”，《史记》作“鑪”，《汉书》作“卢”。按，卢为本字，鑪、垆为后加偏旁之字，何足深论？谓天数一，故引伸为㚤壹。按：一字不作壹解，又不知壹本从过壹，且误壹为壸，益生纷纠。《爻山诗话》据《博古图》“单疑生”即“散宜生”。按，单、散，疑、宜，古字通用，抑何足记？其邑人陈致英之《书契原指》莫非盲说，津津乐道，尤为无识。

（四）

《读史札记》较有可取，然多单辞片证，盖于顷刻之间逐卷寻觅而得之，非若王西庄、赵云崧辈有所见而录之，积少以成多也。明季杂史，略有考据，亦皆细故，无关宏旨。谓“柳如是归钱牧斋后，遇宴客，仍出劝觞”，虽载全绍衣《鲒埼亭集》及计六奇《南略》，抑何足记？谓梨洲涂泽学术以相炫耀，苦贫不免请托，以冀沾润；吕晚村托买祁氏书，梨洲择其奇秘者自买，而以其余归晚村；梨洲晚年，烛笼上题“召试翰林”;傅青主印章,有“征辟博学鸿词”;陆清献与吕晚村投分最契,不啻一人。云出于钞本《国初人传》,虽不知其真伪,然何必隐善扬恶。

（五）

读国朝人集,常数十种,不伦不类,莫名其意。诗宗七子,故推崇明人甚力,一隅之见,姑不必论。至近人诗词摘句图,不免明季山人之习,数数见之,尤足令人生厌。然在此书中,犹为上乘。盖莼客一生学问,惟词章差强人意耳。

（六）

生性好揭人短,论经学则以焦里堂为偏谲;论古文则言方、姚之陋,诋曾文正之未纯,而茅鹿门并不菲薄,可谓别有肺肠。臧氏《拜经文集》有《妾服议》,引《礼》君为贵妾服缌,以贵妾为妾长有子者。（按:臧氏之解,诚有未妥。辰嬴生公子乐,又为秦女五人之一,而赵盾谓之贱,则妾之称贵不以有子,亦不因侄娣,明矣。盖丧服之制,论其报施而已,本无亲疏贵贱之别。故子为父三年,父亦为子三年,夫为妻三年,妻亦为夫三年。同爨互为缌,即君臣主仆初无有分,以示哀戚,非以辨等差也。虽书缺有间,其详不得而闻,然以理推之,子于父在不为母服三年,则妻于夫在亦必不为子服三年。君为贵妾服缌,则贵妾亦必为君服缌;君不为他妾服,则他妾亦必不为君服。盖夫人薨,曾为继室,始谓之贵,此可断言者。莼客泥于贵妾为侄娣之说,以妾服为后世所不应有。谓臧氏之议，献媚于阮文达之死妾，何其诞与！）

（七）

于时人谩骂殊甚。谓左湘阴为“耄昏”，李高阳为“要结取名”，阎朝邑为“兽心狗冠之徒”，张南皮为“佥壬祸首”，张丰润为“妄人”、为“宵人”，陈闽县为“轻险之士”，又谓南皮、丰润为“鼠辈”，闽县之劾张靖达为“狐埋狐搰”，王湘绮为“江湖佹客”，吴愙斋为“吴下书画清客”，赵㧑叔为“妄子”，于晦若为“风狂”，周星诒兄弟称为“周蜮”，犹以为有怨也。他如戴子高、杨海琴、鲍子年、何子贞、李山农、陈寿卿、吴平斋，皆致不满，或加丑诋，适成其为无忌惮之小人而已。

（八）

尝合一时之人而论之。谓：“嘉庆以后学者，游谈废务，奔竞取名。”于光绪十年政府易人，则曰：“易中驷以驽产，代芦菔以柴胡。”于朝臣则曰：“大臣非暗陋则偏愎小臣，非鄙猥则诪张。”可谓一网打尽。

（九）

又尝合一处之人而论之。曰“北人昏狂”，曰“皖人无一可用”，曰“江西无学者”，曰“杭人之诗以江湖涂抹为事”，曰“吾乡粤逆之变，持节者逃窜，搢绅之属输贡贼庭、受伪职、毒乡里者，不可悉数”，曰“攘窃为闽人之惯技”，曰

"顾黄从祀,出于福建子之请"。辱斯甚矣。

(一〇)

又有揶揄之笔。言:"张文襄升迁之速,由于日本人致书请见,为上所知。"言:"沈子封之入合肥幕,因其大父鼎甫为合肥太翁入学之师。"其落第之时,叫嚣尤甚,指摘瑕疵,不遗余力,主试者不得免焉,中式者亦不得免焉。莼客谓举孝廉方正者,庠序之潦倒。彼之所为,毋亦近于是乎?

(一一)

甚至妻妾争斗,无道处之,亦藉口诛笔伐之能,以泄其忿。尤可笑者,姬侍当夕,并入纪载,然则日记将兼为淫筹乎。

相传莼客居京师,以日记为广通声气之用,不如其意,则于日记中贬之,因之借日记者不绝于门,如沪上人之读小报也。潘文勤乃其师也,不受其节敬,而反赠以金,每至节下,辄问其仆曰:"李老爷麸料已送往乎?不尔将踶人。"都人至今犹有知者。

四八　同治朝科试作弊成风

咸丰以前,春、秋两闱,怀挟之咎尚重。同治初,元帝幼,多年不亲政,搜检王大臣渐从宽。四年,乙丑科会试,有举人遗书于地,吏以奉于王,王纳之袖中,曰:"奈何以帐簿入场?"释之去。十二年,癸酉科乡试,有生篮中书籍纷纷坠地,王顾左右而佯作不见,此犹可曰"掩耳盗铃"也。光绪间,考生皆以四轮藤箱满载书籍,曳之以入,公然犯规而不禁。北闱中不许乱号,枪替犹少。南闱号同仅闭一日夜,近于儿戏。殿廷考试,惟重试题出处。始犹数人相约,分携《佩文韵府》,藏于靴筒。继而各纳箱内,阅时置诸小几之上,无人过问。监试王大臣频唤吸烟者出殿外,若似乎责任所在,仅防火烛而已。

四九 康有为借孔子改制之名推动戊戌变法

沈文起《左传补注·自序》末曰:"今险忮刻薄之人,有窃钻何休之余窍,以挂误余子,何不仁之甚也! 盖圣世之贼民而已矣。"其言本为同时之刘申甫、龚定庵、宋于廷诸人而发,然未至是也。

自国初汉学,进为道光中叶之西汉学,识者知其不祥,以为汉德将衰之兆。为西汉学者,以汉学对宋已大获全胜,无钻研余地,不得不别出一途以自见。继之者即有周人经说,更高出西汉一等。然为求学计,非求仕计,大言而已,学派竞争,与世无涉也。

不意数十年后,有南海康长素公羊之学,以孔子改制为名,欲先讲学而后辅政。成进士后,朝考阅卷大臣故抑之,以归部曹。其弟子新会梁卓如,乡举出李端棻门下,一见大为激赏,以妹妻之。戊戌会场,已荐卷中式矣,忽为主司所觉察,黜之。榜后,领出落卷,房批云:“还君明珠双泪垂。”卓如不得志,益肆意于新学,与其师互相标榜,遂兴戊戌之变,酿为庚子之乱。以此,与申甫诸君子相为比例,固不得遽谓之同,亦不能断定其异也。

五〇　康有为改称老师为先生

康有为为孔子改制之说,值中日战役后,人心思治之亟而入于幻,异说乘之而起,于是学风为之一变。有为中式光绪乙未科进士,朝考,其同乡李若农侍郎在阅卷大臣之列,恶而黜之,用工部主事。科举时代通行之例,于乡会试总裁、朝殿试阅卷大臣,皆尊为老师,自称门生。有为见侍郎谓为“先生”,问故,对曰:“古之道也。”侍郎曰:“若然,徐荫轩不几为相公乎?”京谚优为相公,故侍郎以是质之。其后梁启超往见,侍郎曰:“乱天下者,必此人也。”粤人好言新,而侍郎持论如此。

五一　李鸿藻阴畏张佩纶

有为求用世之学,以得君为重,曾两谒丰润张幼樵副宪,问何以得志于高阳相国。副宪在光绪初方露头角,锋厉无伦,有参奏高阳风说,高阳阳与修好,阴实畏之。副宪遣戍之后,不复起用,曾致书合肥相国于京师,就商出处,末云:“兰师何以处我?”合肥持示高阳,高阳若弗闻也者。其交谊如此，其得君之术抑可见矣。及有为往见副宪，豪气全退，谦让未遑，阳为不知。

五二　康梁之说风行一时

有为虽为新党魁首，而文笔繁冗，实不足以动人。上皇帝万言书，其中最警策之句云："皇太后、皇上将求为长安布衣而不可得。"可谓敢于直谏，而不可谓之善为说辞。谒见大员，辄云："小变则小效，大变则大效，不变则亡。"闻者慭置诸耳而已，未之能信也。当时情事，能令观听一倾者，厥惟《时务报》，自新会梁启超《变法平（通）议》刊载报首，描写老大帝国致败之由，恰如人心之所欲道，益以同党宣传之力，遂能风行一时，京城内外，几于家有其书，人人争誉其美，遂入其彀中，隐为所动而不之觉。兹将《变法通议》中凭空杜撰者择录如下：

《论学会》云：西人之为学也，有一学即有一会，故有农学、矿学、商学、工学、法学、天学、地学、算学、化学、电学、声学、光学、重学、力学、水学、热学、医学、动植两学、教务等会，乃至于照像、丹青、浴堂之琐碎，莫不有会。其入会之人，上自后妃、王公，下及一命布衣，会众有集至数百万人者。

《论译书》云："诸国都会之地，庋藏汉文之书，译成西文者，浩博如全史、《三通》，繁缛如国朝经说，猥陋如稗官小说，莫不各以其本国语言翻行流布，其他种无论矣。”

在今人言之，鲜有不斥其妄者。而三十年前，昧于外务，群众心目之中，颇为倾服而与之俱靡，既爱其大体，亦不暇议其微疵。甚矣匹夫之力，足以率天下而趋于其所指引之地，使风气转移于无形，于斯见之矣。有为字长素，不知其何所取义，京城士夫习闻其言孔子之教，以为长于素王也。因而启超及顺德麦孟华悉被以嘉名，曰“超回”、曰“轶赐”。孟华主《知新报》，文气萧索，与其师同。更于肉食者鄙薄过度，每一论出，毒詈丑诋不遗余力。久之，读者由厌生倦，咸弃去。不半年间，康、梁之赫赫声名，渐如爝火矣。

五三　新政之施行

有为进士改部曹，启超落第举子，不得意于仕进之路，求用于世，乃别出一途，以希自见。以广义言之，有志之士当如是矣。然二人寒士，自顾谋身之不暇，文仲恭侍御疏中，谓“曾拒其重贿”，言“台谏中如杨深秀、宋伯鲁，皆受百金之月俸，为之爪牙”，殊属不近情理，故劾者愈众，而上信之愈深。侍御既贬，未几，礼部六堂同时并罢，以杨锐、林旭、刘光第、谭嗣同参预新政。稍涉机要，皆令四人拟诏，军机大臣不知也。及成，径达上所，军机大臣亦不知也。有为又请开懋勤殿，置十友，隐夺政权。于是人人怨恨，而大祸作矣。

五四　外人助康有为逃往香港

有为先奉严诏,促其出京。事泄,杨锐、林旭、刘光第、谭嗣同、杨深秀及有为之弟广仁,同时被逮。有为出都,航海南下,已在重庆舟中。上海关道,以逻卒伺于太古公司埠头,将俟其至而执之。及舟近吴淞,英国兵舰阻其行,随有兵官乘舠缘梯而上,以图象询得有为,挟至香港。有为曾以事之始末,告诸港官,载于西报,谓其幸脱法网,为威尔斯籍教士李提摩太之力,改名更生,盖以此云。太后怒外人为逋逃主,义和拳灭洋邪说乘之而起,无识之徒群起附会,遂有庚子之变。

五五　康有为南洋作为

有为亡命南洋岛中,游说侨民集资,立保皇党。八国联军事起,征李相入京议和,行至沪得有为书,劝清君侧、逐母后。时上海居民十方杂处,恃租界为护符,扬言无忌,为举国诐辞之所自起。李相偶闻人言及此,辄笑曰:"何今之少年,中毒若是之易也。"盖至是已微知乱萌矣。有为旋命唐才常密结会匪游勇,谋据武昌。已而,才常及其同党骈诛于市。虽无成功,然定计在辛亥革命十年以前,不可谓不识时务者也。既败,以余资设《时务报》馆,欲以言论之力,转移人心于思乱之一途,积久似有微效。有为死,《清史》本其素志，置诸列传之末，而论事实则不然也。

五六 清代学术之变迁

国初人解经，引经注之别见者，以示其精，而案头不可少之书，惟《注疏》一部。乾嘉人解经，引经文之他见者，以炫其博，而唯一法门，非三代两汉之书不敢读。同时之儒者，或专攻小学，或避而考子、史、地理，各有所长。自《经籍纂诂》出，为训诂之渊海；自《皇清经解》出，为经典之集林；自敷文阁刊《方舆纪要》，于地志一览无余；自广雅堂辑《史学丛书》，于诸史各家咸备。于是人人可以掇拾，不废稽古之功。道、咸而下以及光、宣，学风一变，而为钟鼎、石刻，作矜奇炫异、避熟就生之计，经史大义置之度外；再变而为宋元旧板本，朽腐复化为神奇。趋时之士，各手一编，求其歧异之处，若国史馆之校对官，若书班房之对读生，不知学问为何事矣。世道愈趋愈劣，至于如此。等而下之，译书亦然。海禁开后，士大夫稍稍讲求新学，五台徐松龛译《瀛寰志略》，无锡薛叔耘作为《续编》，侯官林文忠译《四洲志》，邵阳魏默深益以历代史书及明以后岛志，钩稽贯串而为《海国图志》。其后译局盛开，京师之同文馆，上海之制造局，以及教会附设如广学会、益智书局之类，译出西籍不下数百种，鸿篇巨制，不乏其人，即天文、地舆、动植物、理化之类，何莫非专门之学，较之近作寥寥短篇，不可同年而语矣。至抄撮之教科书，犹之乎往日高头讲章，不在著述之列，当作别论。

五七　李鸿章一语成谶

南北风气不同，性情亦异，微特满、汉不能一家，即畿辅与江浙亦分两派。同、光之际，南皮、高阳、东海、济宁前后入值枢府，声气相应。南皮之弟文襄及定兴两相继之，均北方之学者。寿州、常熟、嘉定世代久居京师，并不同化，合肥则更无论矣。本朝入关之初，以异族入主中华，其视各省一视同仁。迨居京已久，渐染北俗，遂亲北而疏南。同一书房，常熟无论如何得君，终不若高阳之内外融洽；同一枢府，善化无论如何有权，终不能出庆邸范围之外。合肥入阁办事，几有"适从何来、遽集于此"之状。日战以后，威望大损，区区译署，旋即屏出。若非商务大臣之命移督两粤，拳匪之祸必不能免，其能以功名终者，天也。当戊戌之变，礼部六堂同时夺职，朝贵汹惧，咸虑自及。或言忧乱闻于合肥，合肥笑曰："未也，必有红顶白胡者见于菜市。"而乱始作未及两年而至庚子，言事诸臣均遭其祸，而南人为多。仁和相国几亦不免。袁、许二公被参逮治之日，尚有附片留中，仁和几得罪，赖荣相力为乞恩，上意解，仁和得幸而免。未几，奉诏惩办首祸，留京者俱伏法。合肥非预言先知者，而谈言偶中，遂成语谶。

五八　翁同龢失帝眷获谴

常熟当国既久，以古大臣自励，颇不悦于维新异说之骤起，力诤于上前。至称康有为之才胜臣十倍，正负气之语。措词切直，更失帝眷，放归田里。慈圣重临朝，憾者摭拾前说，以辞害意，遂获谴。然慈圣隐痛在于甲午战祸之首，一日两诏，与吴大澂异案同罚，尤见微旨。

五九　翁同龢集句联

常熟书法在石庵、完白之间，于本朝可称第一。每岁春联贴出，常有人抄录，联皆集句，都人传诵。兹录所记忆者如下。最早一联云："骐骥思千里；鷦鹩守一枝。"甲申一联云："夔龙新治绩；莺燕旧巢痕。"丁酉一联云："经济惭长策；风云入壮怀。"戊戌一联云："南图卷云水；北极捧星辰。"都人以常熟门联作预兆观，曰："今年殆有水灾。"

六〇　慈禧戊戌之重揽朝政

帝既亲政，朝廷大事，慈圣初不与闻。甲午战役，知其必败，苟不遽至于亡国，犹忍弗言焉，则下此者可知矣。安维峻奏事，明明离间母子，而如弗闻焉，则等此者可类推已。然维新急进之徒，未能唯所欲为，终不得志。项城至京，谭嗣同往见，人心疑贰，于是有颐和园胁皇太后之风说。未几，项城果授侍郎，不复受直督节制。说者谓为有因，或奔告直督荣文忠。文忠使折归，而由庆邸上达，且调聂军驻津防变。项城过西沽，见戎幕棋布于铁路侧，心知有异，趋诣荣文忠报密。慈圣闻之，即夕还宫。翼日，下临朝训政之诏，寻逮治康广仁、杨深秀、杨锐、刘光第、谭嗣同、林旭诸人，尽反帝变政之所为。本朝垂帘之制，遂与国同休。

六一　慈禧对珍、瑾二妃苛酷无情

鲁伯阳以候选道员特简上海关道，谕旨自内出，枢府几无从检出其名。命下之日，内外大哗。事闻于深宫，珍、瑾二妃颇受慈圣申斥，降为贵人。先是，内务府郎中玉桂授四川盐茶道，召见之日，德宗询以公事，未能谙悉，降官同知。两宫受人离间，潜生意见，近于寻隙，盖自此始。然玉桂以京察一等郎中，外放道府，不出常例之外。事理不明，则旗人通病，非一人之咎。专就以上两端而论，则鲁伯阳案重而玉桂案轻，不待智者而后知也。惟当时帝犹亲政，故慈宁宫禁，仅申家法而已，未及朝纲也。及戊戌政变，追忆二妃之过，以文芸阁学士曾授之读，且与妃兄志锐为友，亦遭波及而加逮治，已近于苛。庚子西狩，崔监竟致珍妃于死地，尤嫌其酷。

六二　杨崇伊自居其功

慈圣三次临朝之诏，出于帝自请。杨崇伊适有此奏，自居其功，或以胜保为例讽之，不悟。及出为汉中府，逗留不往。延至联军入京，文忠议和，崇伊以济灾会务居贤良寺，李文忠日夕见。请自效往西安行在，通政府声气。文忠笑谢之而已，亦不置可否也。

六三　独归罪于末秩

康有为以严旨促出，宋伯鲁以褫职先行，幸免于罪，时案犹未显也。既而事泄，都中频传将有大狱。杨锐、刘光第、谭嗣同、林旭四人逃出未晚。林旭无家，不欲连累居停主人。谭嗣同以父继洵在任，叹曰："天下岂有无父之国哉！"殊有侠气。及槛车赴菜市论斩，嗣同大言曰："官高者获免，独归罪于末秩耶？"参与新政四人，自命宰相之职，至此始露本来面目。

六四　光绪密谕手诏

杨锐、刘光第、谭嗣同、林旭同参新政。上求治过急，太后弗善也。上手诏密谕锐云："近日朕仰观圣母意旨，不欲退此老耄昏庸大臣而进英勇通达之人，亦不欲将法尽变。

朕岂不知中国积弱不振、非力行新政不可！然此时不惟朕权力所不及，若强行之，朕位且不能保。尔与刘光第、谭嗣同、林旭等详悉筹议，必如何而后能进用英达，使新政及时举行，又不致少拂圣意。即具奏，候朕审择，不胜焦虑之至。”锐等复奏前列四条，大致冠冕堂皇，末谓古天子有亲军，汉之期门、羽林屯兵、唐之宿卫皆是。今立国之要在乎强兵，宜身为之先，振起民风云云。嗣为太后所见，妒者谗构其间，指为恶意，锐等以是得罪。宣统初元，锐子庆昶缴手诏于都察院，而原折殊不可得。当时有人见者，述之如此。

康有为未出京时，侯官郑孝胥被荐入都，召对，献策练举国人为兵，使朝内外群臣尚武，请上自习体操，都人谓之“三练”，谓练兵、练官、练皇上也。或疑其内含宫中举事之微旨，以讹传讹，遂有围攻颐和园之说。适于斯际发见锐等请上自揽兵权之奏，其死也宜哉！

六五　康党案李鸿章视之蔑如

党人被逮前一日，林旭遇丹徒马建忠于途，亟下车密问曰：“公自贤良寺李傅相处来与？曷回车复见傅相，为我乞命。”张樵野侍郎出京之日，上傅相书云：“但得终老边廷，于愿足矣。”李文忠之慈眷优隆，倘为二人掩护，未始不能稍动天听。惟公耻甲午战败，常思晚节自见，岂肯为他人用？移督两广，虽承苏元春交涉失败之后，以重臣莅镇，出自慈圣之意。然都人揣测中,实有捕康密诏。于时,希功求进之徒,日奔走于门,要约于公:生得有为者赏若干,献首级者赏若干。大廷(庭)广众,言之无讳。嘉定徐协揆曰:“公如得逆首,宜进封侯。”有躁人在侧儳言曰:“或进封公。”公笑曰:“且进封王。”此犹出于戏言。然公常云:“慈圣之憾康、梁,甚于粤中洪、杨,捻中任、张。粤捻为乱欲得天下,康梁谋逆欲胁太后,此战国所云‘河内、大梁及身,三者以身为上’也。”

公履粤督任后,除盗安民,勤政之声,颇著中外,于人人心目中之党案,视之蔑如也。朝旨命掘康先茔,公明知故纵。骐骥伏枥,志在千里,烈士暮年,壮心未已,于兹益信。

六六　张荫桓被逮始末

张樵野侍郎被逮之先,曾受虚惊二次。是岁端午日,慈圣召见左翼总兵英年,令传谕步军统领崇礼云:“张荫桓有查办事件,着先为预备。”英年奉诏,使缇骑先至锡拉胡同待命。崇礼与侍郎善,止之曰:“且候诏下。”于是侍郎家室得免惊扰。是日,慈圣驻跸颐和园,召见庆邸、刚毅、廖寿丰,皇上侍侧。太后问曰:“张荫桓遇事专擅,弹劾者众,尔等有所闻否?”庆邸曰:“总理衙门惟荫桓一人称能,以此招忌,容或有之。”慈圣怒曰:“若荫桓死,将如之何?”皆莫敢对。移时,慈圣色稍霁,曰:“予知荫桓能,所询者专擅之迹耳。”庆邸曰:“荫桓在总理衙门,遇事有与同官商者、有径自决者。荫桓与外人私交往来行踪诡秘，局外不得而知。”太后顾谓上曰：“其严斥荫桓，使知警戒。”翼日，侍郎先至军机处看参折，旋与军机大臣同召入见，侍郎颇陈辩，上谕之退，得免罪。

八月，诏捕康有为日，缇骑至锡拉胡同，直入侍郎家搜寻有为，不获而去。邻人不知，咸疑为抄没，或作谑语曰：“事不过三，殆将及矣。”翼日，捕康党六人，廖尚书拟旨，两圣阅毕，久之始下。盖上意尚踌躇也。是日，慈圣问曰：“伊藤觐见，何以为赠？”上以“宝星”对。慈圣曰：“务选其精者。”令张荫桓为之，若无其事。又次日，侍郎始拿问至提署，复交刑部治罪。

六七　伊藤博文与戊戌政变

伊藤博文薄高丽统监而不为，观光大陆，有囊括四海之志，欲吾国聘为辅佐。康有为作奏章，自荐为迎送专使，令李端棻上之，弗许。先是，有为说上开懋勤殿，列十坐，以李端棻、徐致靖、宋伯鲁、杨深秀、康广仁、梁启超、杨锐、刘光第、谭嗣同、林旭为十友，有为言无不听，则隐然公孤师保自任也。及谋为迎送使而不得，心知有异，奉诏督促出京，幸免于祸。伊藤旋去。戊戌之事，因败于日本而然。当时首祸之人，皆欲以日本为法，伊藤欣然而来、废然而去，政变于是乎毕。

六八　叶、张之陷于狱吏

叶曙卿军门逮入都、张樵野侍郎出戍，皆房县知县曹景郕任解役。狱中住屋为邻，饮食起居均甚安适，惟需费甚巨。侍郎广籍，且沾洋气，吏望尤奢，一日之中索至一万以外。侍郎无已，求教于军门。军门曰："余入狱日实用六千四百金。"吏曰："君数本八千，以二八折扣，减至此耳。"狱吏尊严，二人皆嗟叹不已。

六九　张荫桓把持朝政

张樵野侍郎久为李文忠之门生下吏，外简公使，内擢卿贰，皆文忠之力。侍郎以吏员出身，而吐属风雅，亚于词林，临事明敏，邻邦人士咸乐为欢。兼权译署，居高而愈见才，岁久而益习事，都人共仰。及文忠入署，相形之下，既尊且亲。侍郎揽权有年，不能复让，遇事把持，文忠或有未允，辄曰："吾师过矣。"旋令所司如其意旨而行，竟不之顾，文忠无如之何。吾乡吴蕙吟侍郎同在署中，名位相埒，偶批一稿，侍郎见之，大咤曰："误矣，误矣！"吴侍郎为毁所批而后已。戊戌政变，先以英国借款，受台谏攻击，几至籍没。慈圣听政，与康党诸人同捕入狱，嗣以查无实据，幸免骈戮。然侍郎为德宗亲臣，曾有进呈洋货一单，为慈圣所见，终不慊意。遣戍新疆，濒行之时上书文忠，乞哀求救，盖悔之晚矣。

七〇　孙家鼐请罢官而反得奖谕

本朝旧制，六部满、汉各六尚书、十二侍郎，一部六堂，常有大学士管部为七堂。虽云位尊为上，仍视乎其人而已。薛云阶、赵展如、沈子敦为刑部侍郎时，即主部政。常熟久绾财权，甲午之后慈眷大替，不得不屈于麟相。孙文正素性严正，戊戌变法，时有献替。及慈圣听政，谗者以公曾进《校邠庐抗议》一书，遂有官制之改革，摭拾书中节目，上达天听。慈圣闻之，微愠云："不意孙家鼐亦附和。"外间揣测，以为公将得罪。是时，公为吏部尚书，兼管顺天府尹。东海徐相，以大学士管吏部，恒藉故排挤。公上疏乞罢，温诏慰留，再请乃允。李文忠戏曰："请罢官而反得奖谕，吾亦胡不可以为此请也？"然徐相竟以庇匪得罪以死。公复出，仍绾铨政。天道好还如此。

七一　岑春煊、张凤梧之遇合

孙文正请以《校邠庐抗议》发各衙门阅看，择要施行。岑西林时未得志，将上条奏。望江余寿平中丞方为侍御，与西林交密，荐张凤梧为之拟草。凤梧者，坚白制府之初字也。拉杂成八款，西林欲足成十。问寿平，寿平曰："得当而已，八与十何别？"既上，以改官制一条，合乎冯氏《抗议》，制曰："可。"西林以裁缺京堂得简粤藩，此疏之力也。未几，慈圣临朝，制度复旧，谈新政者皆得罪，孙相且以冯书引嫌去官。西林以中兴勋旧后裔，仍得调陕西，凤梧从行，改字坚白。二人遇合甚奇。

七二　张百熙获减罪

戊戌党祸，李端棻、陈宝箴、徐致靖滥保匪人，皆获严谴。长白荣文忠曾保陈宝箴，长沙张文达亦曾保谭嗣同，各自请罪，先后交部议。吏部将两案同日上奏，时文忠极蒙主眷，文达因缘获以一并减等。

七三　慈禧之召先臣

戊戌秋，慈圣曾有电旨召先臣入都，以疾不能赴。未几，宗室贻縠以长白荣相国之命来曰："上意向用甚殷，能以私询勉一行否？"余辞不敢言。既而悔之，以父执中李文忠、孙文正、嘉定徐相国，皆至戚也，未以情告而自专，可乎？次年拳乱作，遂不复出。

七四　李鸿章重旧谊

文庄电奏未至之时，文忠曾力劝之来，且预为计画将到京事宜，先至宫门请安。又为访枢臣，问请安召见后如何待之。皆云："上意可知，或先赏还原衔翎枝，以待后命。"时文忠已老，犹为此奔走不遑，可见旧谊之厚。

七五　迎德国亨利亲王之礼

德藩亨利亲王来游，非聘也。西法可以礼，可以不礼之。宜如亲王例，与国君相为宾主，舆卫用帝制。在中国为前所未有，《会典》不载。枢垣、译署聚议，久之乃定。使庆邸、礼邸迎于郊外，载以黄缰绿轿。觐见时太后坐、上侍侧，德藩三折腰，弗答，宴之于乐寿堂。宴毕游园，上往相遇以示答礼。乃旷典也，外人意犹不满。庚子和约成，外邦大使均待以敌体，渐染西俗矣。

七六　政务处三大臣

刚毅为苏抚，以清刚著。初与荣相比，专排常熟。政务处设于甲午之后，三人皆在焉。偶因议事不协，荣相怒曰："公奏上，治荣禄罪，所不敢辞。"常熟虽受圣眷，而绌于慈宁，避弗与校，乃已。及太后复垂帘听政，常熟已去位，荣、刚势均力敌，各不相下，因是有隙。一日，刚毅荐龙殿扬之材勇，上问如何，对曰："若昔之黄天霸。"上知其未学，满人本不以文重，弗之责也。既退，荣相哂曰："公以龙殿扬喻黄天霸，公得毋以施世纶自命乎？"世纶在当日诚为喧赫，而今日伶人演剧，则以下等戏角充数。相与一笑而罢。

七七　荣禄练兵，刚毅筹饷

荣禄、刚毅同时在枢府。荣禄简为武卫军帅，宋庆、聂士成、袁世凯、董福祥各师隶焉。刚毅奉使两江、两广，清查外销各款，悉使报部，供给军用。京师为之语曰："荣禄练兵，刚毅筹饷。"犹是外人揣测之词。两相同直，势不相下，特假宠命，以出刚相于外。两江方毕，两广电旨即下，两广事竣，刚相拜表即还，亦知迟则有变也。

七八　吾邑二贤令

近年，吾邑贤令以杨霈霖、张琴为最。霈霖日巡于乡，凡沟洫之浅者，督令掘深；道路不平，责其修治。民不从命，霈霖复往，过即予鞭朴。捕务严厉，一盗就获，辄施五木鞫实，穷治党与，以故贼盗绝迹，四境安然。琴葺治书院，劝诱诸生，讲求实学。二公皆得罪邑绅，贿买御史，毛举细故，弹劾落职。御史风闻言事，本武后制度，流弊如此。

七九　苏元春其人其事

苏元春，湘军旧将，所谓"依草附木，因人成事"者也。当时帅节握于文人之手，曾、胡、李、左皆以科第中人躬亲师旅，武功多有可观。于是武人好文，寝成风气。豫军之张勤果，淮军之吴武壮，结交词人墨客，颇受虚誉而能得溢美之辞。湘军之鲍忠壮，英雄末路，《李文忠公函稿》言其欲为总督，皆是类也。元春行辈较后，模仿前辈不余遗力。光绪乙亥入朝，京朝官中乡寅世戚均有赠贻。挥金如土，至于不能自给，时人称为“叫化孟尝君”。元春已奉淮徐练兵之命，未几，与法人交涉失利，言路纠参，遂败。

八〇　穆宗立嗣之诏

光绪己亥十二月己酉，诏立多罗端郡王载漪之子溥俊为大阿哥，承继穆宗毅皇帝。下诏之日，召见朝臣于文华殿，六部九卿咸与焉。诸臣毕入，太后先言曰：“皇帝有旨。”帝乃出诏书于袖，枢府领班、礼亲王世铎捧之而下。其时惟一二要人知其事，余者默默而已。既出，群趋礼邸就观，随班者众，秩次颇乱。徐小云侍郎取诏书于礼邸之手，朗诵一过，闻者咸悉，乃散。

八一　光、宣两帝皆以近支入嗣

古今中外各国，子立为帝，而本生父以天伦之爱引入政治之中者，自醇贤王为始。王当国十余年，所设施者有三大政：增加旗饷，以固本也；兴办园工，以希宠也；大练海军，以强国也。李文忠特为致书各省督抚，协取土木之资，而犹不足，则尽移海军经费而用之。户部希旨，奏定光绪十四年之后不购军械。七年而至甲午，日本开衅，战舰巨弹仅存三枚，不得已而用其较小者。大东沟战役，情见势绌，距醇邸之薨已四年矣。后十余年，端邸子立为大阿哥，参预朝政，引用拳匪，欲一举而荡平八国，酿成大祸。又十余年，醇邸子立为帝，获封摄政王，俨然人主之位，遂倾其宗。光、宣两帝皆以近支入嗣，惩宋明之失，讳言尊崇所生，而假以政柄，其弊抑又甚焉。

八二　清朝最后之理学名儒

大阿哥立，次年元旦，大高殿、奉先殿俱代帝行礼。豫锡之都统，时主讲会辅堂，出试题云："使之主祭而百神享之。"其弟子某，主讲通州书院，同时出试题云："反复之而不听则易位。"皆有弦外之音。都统讲学，高阳、东海钦服，甚至两相科第远在其前，书札往来辄自称后学，倾倒如此。本朝理学名儒，都统为最后一人，受其感化，只北方学者，且在高位居旗籍者为多，故建储之策，与有力焉。

八三　李鸿章得方龙补服

同光以来，每逢庆典，李文忠常得异数。紫缰、三眼翎，本朝赐近支八分，公以当古之九锡，人臣所不能有。然其后继之者，实繁有徒。光绪中叶，内廷行走诸君全用紫缰，东海、徐相以宏德殿照料之劳，膺三眼花翎之懋赏，几于不甚爱惜之物。德宗三旬庆典，文忠得方龙补服，出于《会典》之外。嗣政府中人出，言其故，乃知军机处开出群臣之名，德宗注简便文字于下，如花翎则书一“翎”字；双眼、三眼花翎则书“双眼翎”“三眼翎”；议叙则书一“叙”字；从优议叙，则书“优叙”；团龙补服，则书“龙补”，俾军机大臣持出拟旨。文忠下为“龙补”二字，拟旨者巧立名目，增饰而为方龙补服，遂为创典。文忠谢恩折曰：“在微臣特拜新恩，在他日将成旧典。”于晦若侍郎笔也。

八四　亲王执政之制

旧制，亲王无执政者。成亲王在枢府，本是特例。自太后临朝，以懿亲为辅，恭、礼两邸相继为枢府领班，始成为故事。然光绪十二年训政期内，礼邸自请开去军机差使，以符定制。其后二年，德宗亲政，礼邸又辞出枢府，请复旧制。虽温旨慰留，仍于旧制未敢擅更，辄委之数年以后。及庆邸入直，终于清世，沿以为例。

八五　五大臣非死于直谏

拳匪初起，稍识事理者，计日能待其亡，矧徐筱云、许竹筼、立豫甫三侍郎，袁爽秋、联仙蘅二京卿，素称通达者乎！惟本朝自世祖以下，圣主明君相继在位，过于汉高、惠、文、景、武、宣，一时臣下，奔走之材多，辅弼之佐少。相沿成俗，面折廷诤，竟无人焉。筱云、竹筼、爽秋三人，疏远外臣；豫甫本姓杨，汉军旗人；仙蘅为庄王包衣。满洲之俗，见上自称奴才，岂敢违旨，焉有犯颜强谏之事？其奏稿为钞报所未载，其词语为廷臣所未闻，反令外人不平，代为请恤者。盖五人早知必败，平时当有不谨之言，拂首祸之意。召对之下，不能随众附和，致违上旨，事诚有之，理亦宜然。倘云直谏而死，是未知清朝之臣下对上制也。

八六　联元之死

联仙蘅阁学，崔佳氏包衣，旗也。包衣为清初奴虏，子子孙孙不能脱其籍，旗主愈贵愈贫，愈受其虐。阁学隶庄王府，由词林出任府道，入参译署，本非庄王所喜。庚子之乱，日夜围攻使馆，不克。召廷臣咨询，对曰："果犯天下之不韪，杀外交官，他日洋兵入城肆行报复，恐将鸡犬不留。"太后怒曰："联元，汝何言耶？我老妇胡畏！"庄王奏请归邸惩治，遂弃市。

八七　王文韶免死

许、袁弃市，从端王之请也。原诏附片辞连仁和，以慈眷素优，留中不发。诏下，仁和诧问："附片何在？"长白曰："公毋多问矣。"仁和会意而止。事后，枢府中人咸谓仁和素机警，而此际忽茫昧，盖近于瞢董（懵懂）运中，不知其然而然也。

八八　立豫甫被诛

立豫甫尚书居近西什库，与天主堂素有往来。拳祸初兴，西兵入卫使馆，分四十人驻西什库天主教堂。至市购麦，肆主畏西兵不敢售。教士请于尚书家，为之解说而与之。尚书久典内务府，擢任户部，历任优缺，素有富名。在混乱之时，本为流俗所羡妒。缘此，遂谓其通敌，以闻于上而诛之。

八九　东交民巷西什库之改名

匪势蔓延，始仅在外府州县，以为尝试。既而王、贝勒引至府内演习，其事遂不可为。京师之中，辇毂重地，无论何处，匪徒指为隐藏洋货，即举火焚毁，无人敢阻。未几，神坛遍布于九门，且有差役时出逮捕。鞫问之法，每擒一人至，焚符上告于天，纸灰上升则释之，否则视为有罪。为之首者自称大师兄，亦天父、天兄之亚也。攻使馆及教堂，不克。使馆环列于东交民巷，教堂在康熙年间奉旨敕建，于光绪初年由西安门内蚕池口移于西什库。李文忠商之天主教士，请于罗马教皇，多次始允。其事始末案卷，附载于集中。至是，匪徒公然出示，改东交民巷为杀洋鸡鸣街；改西什库为杀鬼巷。鄙俗几不可耐。诸王公贝勒信以为实，其才识已可想见。

九〇　孙家鼐退职闲居家宅被劫

巷战既开，武卫中军乘势行劫，兵半旗籍，几不知世情。时孙文正公退职闲居，盗入门，闻主人姓名，逡巡不敢遽进，曰："中堂在衙门耶？抑在家也？"仆对曰："中堂已罢官。"盗不俟言毕而遽入，尽夺取所有而遁。事过，文正笑语人曰："京师贼匪犹畏法禁，询知势位去而后敢动。余乞骸骨且年余，若辈殊不之悉，何其昧于外事之甚也。"

九一　罗荣光身死大沽炮台

甲午之后，外人皆谓吾国人不宜于武事，故不任战。彼以为人各有能有不能，无足异也。庚子衅起，罗荣光守大沽炮台，敌舰大至，彼众我寡，荣光力战拒之，卒以兵无后继，奋斗以死。同时，聂功亭、马景三两军守津，与联军遇，虽败，颇有杀伤，较诸甲午为优。

九二　湘军老湘营之三名将

湘军末造，刘松山老湘营部下尚有三人，于拳乱著称。曰平江余虎恩，随吴清卿中丞东征，与曾文正之孙广钧同驻军榆关外。虎恩宴客广钧之营务处，方某与焉。广钧责其擅离职守，就执之。虎恩怒曰：“速释之，不然吾即缚汝。”广钧慑而逃。及武卫军成，虎恩统中军，经拳乱而罢。曰长沙方友升，张文襄时督鄂，令率师勤王，驻军直、晋边界。法兵克保定，出巡遇之，令其退，弗应。法兵径前搏击，友升大败溃走。时岑云阶中丞为晋抚，闻败告急。李文忠尚不知有战事也，电奏中责其染军营习气，小事报大。未几法兵退，中丞致电言谢云：“王爷、中堂，信孚中外，造福于西。”云云。于此可见当时全权大臣尊贵无比之形，及临敌疆臣震慑失次之状。一曰新喻张春发，仕至广东提督，从李秉衡引兵入卫，道出任邱、茌平间，攻破教堂两大所以为功。秉衡师至杨村遇联军，迎战败绩。春发移云南提督，为魏午庄制军论劾，遣戍，未几释归。

九三　八国联军统帅瓦德西厚颜无聊

瓦德西，德人而为八国统帅。微论条顿、罗马、斯拉夫、东亚人种不能一致也，即以法兵论，岂有服从德将之理？虽云各国公认，姑作如是观而已。《瓦德西日记》译本记初受任使时，自以为莫大荣幸。既至中土，无一国之兵能从其命，徒自矜伐不已。所谓厚颜无聊之极至者也。犹不知悛，竟使天津税务司德璀琳向李文忠劝进，文忠曰：“予今年七十有九，明年八十且死。尔观吾子有似乎皇帝者耶？”笑而遣之。

九四　瓦德西虚张声势

瓦德西有一事为联军所称誉者，厥惟惩办祸首。当时中外之人，皆以此为先务。值两宫西狩，庆邸、李相在京方议和约，莫肯先发。洎乎各国使臣咸以为言，政府回护前非，不能尽情处治。西安地远，兵力所不能及。瓦德西购置骆驼百千头作西行之势，议和大臣以闻于行在，乃得所请。

九五　徐桐相国自欺欺人

徐荫轩相国继高阳之后，为守旧党首领。平生最恶外人，而家居东交民巷之中，近于各国使馆，朝夕所经，触目皆是。每出门入市，辄闭其眼，曰："山鬼伎俩有限，老僧不见不闻。"无穷西兵入城，扼要为备。将战前数日，巷口稽察甚严，徐相行动已不得自由。及拳匪纵火焚崇文门大街药肆，噪而入东城根东交民巷、东长安街、御河桥三处，守卫西兵燃枪拒敌，行人不通。徐相前门被塞，乃启后户走，向西绕正阳门逃出。都人嘲之曰："山鬼小施术，老僧由窦遁矣。"其后联军入京，其子承煜劝其自尽而死。此老终身谈道学，不意齐家一节，未之能行。

九六　赵展如之死

练拳术能御火器，红灯照飞行空中掷刀杀敌，因而有祖师、圣母种种神怪。各号皆自戏剧中来，适合愚民心理。端王、澜公及近支宗室、内廷宫监，其知识适等蚩氓，故气味相投，一见为之大喜。慈圣临朝虽久，究为见所未见。三人能令市虎，矧众证确凿，宁不能使信为实乎？当时士夫未尝不引以为忧，特劫于权势，不敢不随声附和。赵展如尚书奉命查办，归，人问之曰："拳民可以成事乎？"曰："不可。"故惩办首祸，谕旨谓其奏对尚无失辞，而牵连被罪。当时政府诸公及议和大臣颇欲宽其处分，卒为外人所持，不免于祸。诏赐自尽之日，命备鸩酒。尚书体魁伟，其家人因平时慈眷，希冀有恩诏，薄其鸩，屡饮不死。传诏大臣，久待无以复命。尚书以皮纸蘸酒自蒙面而卧，乃气绝。

九七　毓贤就戮

毓贤处斩，甘督李廷箫奉诏，先怀金往示。毓贤知其意，曰："我有罪，宜明正典刑，奈何自经沟渎！"廷箫，老成持重人也，处覆巢之下，闻言悲愤，归途中自吞金死。毓贤诛前一夕，书楹帖于门，其首二句："臣殉国，妻子殉臣；我杀人，朝廷杀我"云云。翌晨居民轰传，颇有蠢动之势，毓贤急往受戮。甘省地方窎远，刽子无能手，斩之不死。戈什某曰:“奈何苦吾主?”夺刀刭之,亦自刎。

九八 启秀受显戮

戊戌之岁,启秀得以内务府大臣掌管锁钥,内廷中第一优差也。荣文忠入相,慈眷至隆,仍使总管内务府。乃以启秀入直枢廷,名位虽高,不免有夺我凤凰池之感。启秀颟顸,误为秉国之钧,参预朝事,提倡拳匪,与徐承煜同时受显戮。虽云奉诏,然有外兵监视行刑,亦孔丑矣。

九九 李鸿章、袁世凯英雄所见略同

祸首之中,荣相本居前选。李文忠夙与有兰谱之谊,又知荣相慈眷极隆,非置之西安,政府凡事不易动上听,故力为维护,不令预于罪人之例。谓其身为将帅,在战役之中,虽明知其非,而无所退避,措词犹为得体。项城时为东抚,于荣相未赴行在之先,极意资助其行,又先为之地于其所往。与李文忠相较,可谓英雄所见大略相同。己亥之夏,文忠小恙,闻于山东,或说项城以电问疾。项城曰:“不可,彼且疑我欲得其位。”时项城资望在疆吏中为最浅,乃作此言,抱负正自不凡。其后文忠疾病,有劝其保继任之人者。文忠曰:“继任有人在,我不欲保耳。”此老先见之明,至死亦复不弱。

一〇〇　全权大臣乃画诺大臣

李文忠功业之盛,宇内共仰。同、光之际,国家与外人有疑难之事,待其一莅而决,匪惟信义之孚乎中外,抑亦威望之大足以摄之。高丽之役,我师败绩,公之声誉亦稍稍衰矣。倏有拳匪之乱,八国联军入都,群情惶惧。公复为全权大臣,入都议约,各使意见已不一致,其本国又有舆论参加,自瓦德西而下,八国兵官均需干预,故情形极为复杂,每一条例皆几经商酌而后定。及全文录出示意吾国,其言曰:“但得谕旨照准,现时撤兵,节令正好。若交炎暑,便不能行,须迟至九、十月以后,迟一日则多费百万,秋后须多一百余兆”云。公为代奏,奉旨俞允。建德周玉山制军,时为直隶布政使,叹曰:“谁为全权大臣者?直画诺大臣而已。”

一〇一　醇王德国受辱

公法惟行于势均力敌之国,弱小之于强大不适用也。拳乱中,德使克林德被害。德主命将出师攻入我国都城,要求惩治祸首,胁取逾额赔款。犹以为未足,必须皇帝母弟醇王亲赴彼都谢罪,可谓法外行凶。醇邸抵柏林,德主强其行一跪三叩之礼,醇邸以电请命,政府无如何,勖以善体上意而已。西俗以跪拜为背教,受人跪拜亦如之,德国舆论大不谓然。外部密戒吾国使臣,力拒不允,仍行三鞠躬之礼,幸未辱命。德之于醇邸，奚啻回纥之于唐德宗。然德宗即位，衔回纥终身；醇邸摄政，无恶于德。甚矣，古今人度量相去之远也。

一〇二　庚子赔款

庚子赔款最难堪者，美外部估算不过三万一千万，倡议各国减数。我利用此说，与各使竭力商酌，均不允。会德穆使密告文忠云："美兵少，且早撤，故允减数。他国断不能比，迟则匪特不减，且有加焉。"文忠惧，因奏言美国借此讨好，并无实在把握，乞速准行。奏入，制曰："可。"四万五千万之议乃定。美外部既有此说，议院以浮收赔款为耻，将以返诸中国，而不知何途之从。伍秩庸侍郎使美，因以为功，与订专约，以此为中国学生赴美学费。欧战事起，德、奥、俄三国失所依据，赔款均得免。英、法、日、意不能独存，亦自动停止。于是，或以文化为名，或言水利，纷纷然自行处置。大率彼国人得此机会，遂设一机关，引吾国数人为之助，以示两国人民之意。吾国之国计民生，则置之度外。而美国外部海大臣之善意义举，遂无实惠及于中土，仅成为一种史册上过去之事实而已。

一〇三　李鸿章不信欧美人有良心

当美人倡此议时，洋顾问毕格德以告李文忠。文忠以为有此说，不必有是事，心意本不深信，故穆使一言，即能动听。此老经事多，知空言无补之习，中外之人同有此弊，不知各国浮报需索，逞愤于拳乱。之后，虽有加重之罚，而国人不以为不端。及时过境迁，杀人越货之行，究有惭德，不特倡议之人弃不肯取，其余诸国一经道破，不得不与之俱化矣。南海张樵野侍郎，曾以李相外交之策为愚不可及。公岂真愚者？特前辈忠厚，不以尖酸刻薄之心待人而已。岂意减数一举，属于良心，文忠不信欧美人之有良心，殆倔强犹昔之故与！

一〇四　弱国之臣横死亦宜

俄约屡议不就，杨儒日受逼迫，甚或取视电旨，是不特在包围中，且在监视中矣。未几，杨儒跌伤，旋中风死。其子以身殉，颇有疑案。然弱国之臣，人为刀俎，我为鱼肉，即横死亦宜。

一〇五　瞿鸿禨之任枢臣兼外部

善化瞿止庵相国之尊人，与先文庄、王文勤、卞制军颂臣，俱于咸丰辛亥科乡举。止斋(庵)少年科第，久绾文衡，素见知于尊长，制军曾保其才。历官浙江、四川提督、学政，皆在文庄任内。钦重逾恒，迭经密保，然外省督抚，于京朝清贵之官，无能为力也。其参枢府，由于王文勤之荐，前辈于故人之子,重之如此。止庵体类穆宗,为高阳、李文正所取士,文正亦赏识之。止庵著《恩遇纪略》,卷首即载召见时事:太后云:"从前李鸿藻说你好,现在他们也说你好。"(原注云:他们指荣文忠云,以余所闻,盖文勤也。)止斋(庵)被召至行在,命下之日,都人咸知其将兼枢、译两席。其时八国和约,要求枢臣兼外部,以免隔阂。时政府枢臣三人:荣文忠名列罪魁,幸而获免,自无此望;王相、鹿尚书均两耳重听,未可贻笑外人。固知非年力富强者,未可以对外,而止斋(庵)之当选,不待面圣而都人早料及矣。

一〇六 瞿鸿禨与张百熙

止斋(庵)与长沙张文达生同里闬,同案入泮,同科举乙榜。其成进士入词林,则止庵较早一科。久居京师为同县、同乡、同学、同年相好,殆无有居其右者。庚子之岁,先后被召至行在。距西安一日之程,相遇于城外野店,共投宿焉。二公久别相逢,诉说衷曲,欣喜不可言喻,明知回銮之后锐意新政、中兴辅佐,非异人任,抱负尤为不凡。文达谓止斋(庵)曰:"吾二人之交自幼至今,殆天缘凑合,非人力所能为也。今兹枢府求才,正虚席以待吾辈。明日入觐,使我获参机务,当荐公为江督;公若当国,何以处我?"止庵曰:"苟幸得赞枢府,则江督乃君之位也。"既而皆曰:"对灯立誓:苟渝此盟,明神殛之。"二公虽一时戏言,足见京朝清要之官,犹不知枢臣地位。其后止庵当国,殊无力以报文达。文达不得志，辄举以告人，且曰："今总督无望，即巡抚亦不可得矣。"文达旋与项城缔姻，适中止庵之忌，交益疏远，神离貌合，竟抑郁以终。止庵临丧哭之痛，盖有不能言喻之隐也。

一〇七　鹿传霖一语隽永

定兴鹿文端拙于言论，内调枢廷，耳已重听，尤不能有所建白。然有时一语隽永，为福不足，为害有余。李文忠薨，闻于西安行在，两宫震悼，诏加优恤，已将侑食太庙。枢臣出拟懿旨，定兴突问曰："祀于何处？"时议配享文宗，则咸丰朝文忠方仕，未立功勋；配享穆宗，中兴勋业不乏其人，未可显分厚薄；配享德宗，其时上年正富。则懿旨之中，不易措词，因而搁置。

卷　四

一　瞿鸿禨与袁世凯不结兰谱

庆邸当国,项城遥执朝权,与政府沆瀣一气,所不能达者,惟善化瞿相一人。顾雅蘧侍御慨然以疏通自任,令善化、项城结为异姓兄弟。先以项城命请于善化,善化以生平未有兰谱辞,而语东海徐相,请婉为之复。项城闻之曰:"善化视学河南,吾弟取为生员,吾何敢然?"未几,侍御以细故退出察院,佥以为诳也。

二　庶吉士散馆务财好利之士以末等为乐

道光乙未以后,进士用庶吉士留馆,日渐其多。仕途拥滞,常有二十年始开坊者,翰苑中人颇以为苦。而庶吉士三年散馆,以宽大之政,无有以知县归班者,虽在榜末,亦得知县,分省即用。本朝官制,至光绪末年而稍稍杂矣。居高位者,仍以科甲为多。庶常改官,无论何处,辄生爱士怜贫之感，在猥滥仕途中，尤有鹤立鸡群之象，长官一见，必加青眼。若似乎既成进士，纵有杀人之罪，抑亦可以末减也者。于是务财好利之士，散馆之时，咸以末等为乐，趋为捷径，往往故为小疵，以冀名次落后。既而，谋出是途者日多，供不应求，愈逼愈紧，甚至文理不通、诗句出韵，以及一切犯规违例、污卷曳白之事，无所不为。此亦世风日下之证也。

三　俄使维德之强项

日俄战后，和约于日本无利，夫人而知之矣。当时俄使维德之强项，殊非吾国之比。维德一闻日本使小村寿太郎有需索之意，立与之绝，且曰："俟汝兵至彼得堡，再作此请未晚也。汝今乃以战胜国自居耶？"小村寿太郎曰："然则孰为战胜国？"维德曰："无之。惟其无战败国，是以无战胜国。"小村竟无如之何。

四　北洋陆军三镇统

癸卯日俄之役，项城厉兵秣马，名为中立，阴以助日。是时，北洋陆军为三镇，镇统三人曰段祺瑞、曰段芝贵、曰王士珍。或问将才，曰："段祺瑞如何？"曰："状貌善也。平时无多语，气度亦不恶，但脑经单简，辨别事理之功，未必精密。"问段芝贵，曰："奔走疏附而已。"问王士珍，曰："为人精细，处事有条理。然不可以为大将，帅一镇以出，其不能驭矣。”

五 刘秉璋之恤

善化于先文庄始终契合，每见亲友，必问起居，且耸恿求教合肥相国，昭雪川案。初以为寒暄而已，及秉政，示意于江督建德周公，具述文庄清风亮节，内外共知，得重臣一言，宜可开复。建德以措辞为难，拟助赈捐二千两，较易着笔，往复通函中，而文庄即世。建德请恤疏云：“功业与刘铭传相等，而任事勇直、持躬廉介，则又过之。”疏上之日，家式甫适在军机处值班，善化命查壮肃旧案，持以上。定兴鹿相见之，曰：“否，否。废员焉可比拟？”式甫对曰：“教案非上意也。”蒙古荣相曰：“曷不查潘鼎新案？”式甫曰：“此失守镇南关处分，非其伦也。”及恩诏下，定兴犹向善化哂曰：“乃君之姻也。”其后，善化谓人曰：“滋轩以南北派别不协、华卿之妻叔需次在川而不得志，迁怒于督臣，致有违言，则难乎为疆吏矣。”

六 官制改革与大臣

光绪三十二年，立宪法，改官制，设外务、吏、礼、学、法、度支、陆军、农工商、民政、邮传、理藩十一部。汉尚书五人，外务部瞿鸿禨、吏部鹿传霖、法部戴鸿慈、民政部徐世昌、邮传部张百熙也。三十三年，徐世昌出任东三省总督。时在杨翠喜案之后，庆邸以父子在朝，嫌招忌，姑令载振退移度支部尚书。溥颋继任农工商，以镇国公载泽掌度支，肃亲王善耆掌民政，使宗亲分润，以自谢过。而汉尚书缺，无形中遂去其一，由五人而减为四人。宣统初元，邮传部陈璧以罪免，载洵欲代之而未得，几哄于王前。载涛、溥伦、毓朗辈亦逐逐思逞。或为之谋曰："今汉尚书四人尽去之，无以服人，曷若图诸满缺？"未几，农工商部尚书溥颋，礼部尚书溥良，次第外简三年。内阁成立，设大臣十人：外务梁敦彦、度支载泽、陆军荫昌、海军载洵、民政善耆、司法绍昌、学务唐景崇、农工商溥伦、邮传盛宣怀、理藩寿耆，王公四人，宗室一人，觉罗一人，满一人，汉三人，而蒙古汉军尚不与焉。光绪之末，京师谚云："近支排宗室，宗室排满，满排汉。"至是益信。

七　户部各司之变迁

通商以前，户部以山东司管盐、云南司管漕、广西司管钱法、贵州司管关。既为利薮所在，遂称盐、漕、钱、关四大司。咸丰军兴，漕粮罕至，滇铜久绝，关税为洋关所夺，于是滇、黔、桂俱降为小司，而号福建、山、陕为三大司。山者山东，陕者陕西。陕西兼辖甘肃及新疆，且管宗室及京官文武俸禄、各衙门钱粮、各路茶引也。福建以兼管顺天、直隶钱粮也。江浙既平，漕运稍兴，云南司官吏复勃然起，于是称山、陕、云、福四大司。丙午立宪，尽改官制，户部改度支部，以赋税名目分司，而旧法荡然矣。

八　端方傲视群臣致褫职

陶斋制府自考察政治归，气概之盛不可以一世，视政府诸公蔑如也。谓善化曰："公宜专心于政府，举我为外部尚书以自代。"善化笑而谢之。授两江总督，谕"迅即就任"。或问其行期，则对曰："余必遵谕旨中一'迅'字。"其实不然。慈圣春秋高、当国久，唯其言而莫之敢违，自天子至于群臣，均以其一人之爱憎为荣辱，视其一时之喜怒为进止。陶斋恃有内援，故不欲外值。宪法议起，与项城同在都城会定官制，互相标榜，正当有为之际，何肯轻于离京？值言路弹章相继不绝，项城既绌，陶斋始败兴而去。

宣统初元，调补直隶总督，入觐过天津，语署任那相曰："吾举子以自代，何如？"那相知其意，笑曰："公入政府长外部，余得以北洋大臣将养病躯，稽首谢矣。"时人言籍籍，谓其将入枢府者甚众。至京见世相，世相径告之曰："无稽之谈，不可听，公速赴任可耳。"乃大沮丧。既而怒政府之不己援，献策摄政王广开幕府，招致贤才，朝夕与处，阴以夺枢臣之权。庆邸辈怨之益甚。照像案发，交部议处。陶斋与总管太监小张德本为旧友，适同在东陵差，因有前事，屈意相求，至于长跪，为涛贝勒所见，又乞哀请为缓颊。以为布置周妥，在议处中仍请训出京，若无所事。吏部即于是日奏上，请予褫职。摄政王尚无恶于彼，颇欲全之，问诸枢臣，莫有为之言者。王犹豫良久，曰："隆裕太后怒之甚，谓孝钦皇太后若在，谁敢然者！"直令人不敢置对，卒从部议。

九　袁世凯擅结权贵

两宫西狩，岑云阶制府为陕布政，以师勤王，扈跸入陕。至山林险阻，辄下骑身卫銮舆以行，夕则披裘卧于行宫外舍。慈眷颇隆，擢抚山西，移督两广，朝廷倚之以镇南服。拳匪之乱，两宫仓卒启跸，长白荣文忠猝不及扈从。慈圣于途中见武卫军溃状，怒曰："恨行时未杀荣禄。"项城时为东抚，于乱军中迹文忠所在，资助以往西安，且百计经营，为解深宫之愠。及文忠秉政，项城任直督，内外允协。文忠卒，庆邸代之。时慈圣春秋高，恣为娱乐，好贡献。庆邸宗支稍远，恃其孀女四格格者供奉内廷，以固其宠。岁费巨亿，竭其禄俸所入，兼广纳货贿，犹乏于用。项城乘间与之交结，月有贡品至京，珍宝奇巧盈于慈宁宫门，内外咸受导行钱。誉声日起，朝廷大政咨而后行，任用之专，比于往日勋旧。项城大练六军，取朝旨使各省助饷；攘招商、电报两局于武进盛侍郎之手，以利交通；收永平七属盐利于官设天津银号，试行公债，以通有无。挟势敛财，因财助势，名震中外。时枢府六人，自庆邸而下，定兴、善化皆先进；蒙古荣尚书入枢廷得项城力；长白铁尚书以练兵处旧属而跻显贵，虑变常有同异；东海徐尚书旧为项城掾，因汲引以升。诸公畏人言，亦稍自别。时北洋威力日逼，枢臣无能与抗。疆吏中惟西林在粤有重望，与项城埒。粤中多盗，治以重典，弹劾不职，动辄数十人之多，人人畏惧。粤海关书吏周某赂庆邸得使节，立捕治置法，同时拜疏，请重枢臣之禄以愧之。时庆、袁相比，惟忧西林为梗。政府诸公，处覆巢之下，转危为安，亦惟西林是冀。临桂于晦若侍郎入都议宪政，见善化以意私焉。善化欣然从之。西林以密电书本为赠，二人之交自此始。会议宪政，舆情不协，南城言路弹章相继不绝，项城稍绌。官制改革之后，枢廷惟留庆邸、善化二人。项城见之，益有协以谋我之惧，自请开去八项差使。居恒不乐，经冬足不下楼，亦不见客。时东三省事益迫，杨杏城侍郎说之往东，项城心颇动。适庆邸疾，求医于北洋，项城使段香岩统制偕医往，日伺于邸侧。于是庆、袁交益加密。项城意变，西林虽至，无能为矣。

一〇　贝子载振纳杨翠喜案

赵尔巽为东督，摄乎日俄之间，无所措手，自诉于朝，请简重臣巡视边境。诏使振贝子暨东海徐尚书往。及归过津，见项城。项城先宴两使于中州会馆，循旧例，殊无足观。道府而下，继设宴款待诸随员，仍于中州会馆，筵席、戏曲均后来居上。主宾正欢乐间，忽有不速之客三人来，望之，项城当先，次东海，次振贝子，主人中之段芝贵招待入席。俄顷间，女伶杨翠喜出演，备极妖冶，合坐为之注目，而贝子心旷神怡，不觉手为之拍板。旬日之间，翠喜不出演，京津轰传已嫁某贵人矣。又久之，东海受命为东三省总督，段芝贵署黑龙江巡抚。近代以来，道员擢任封疆者，殊不多见，颇疑为贿得。未几，翠喜之事渐闻于外，乃知以色进也。

先是，西林以粤汉铁路事操切，几激大变，移督四川。请觐不许，至沪托病逗留，久不赴任。闻朝中多故，声言之蜀。及浔，舍舟登陆，作匡庐之游，即于其间具疏请觐，由铁路疾趋至京。时监察御史赵启霖、赵秉麟、江春霖者，以敢谏著称，夙标清流之目，皆协以谋当轴。闻西林至，启霖迎至保定。计议既定，西林宫门请安。初次召见，即调补邮传部尚书，留京内用。连日奏对，尽发庆、振父子之覆。启霖旋揭奏翠喜事。慈圣乃严责庆邸纳贿，内阁侍读润泰因事过乾清宫，远闻御音悲厉，盖几于垂涕泣而道之矣。及翠喜案上，慈意滋为不悦，命醇王及寿州孙相查办。凡依草附木者，有冰山将倒之势。

项城在津，闻报大惊，立召杨以德至，令于一日夜出翠喜于庆邸。以德素有干才，遂至京，以骡车挟翠喜出城。是夜行百里至黄村，乘次日京奉车至津。项城先使人利诱势怵盐商王竹贤，令自承为翠喜夫婿，遂以予之，赃证于是乎灭迹。

时长白世伯轩相国，在满人中素著忠悃，而与庆近。且都中舆情，以为袁绌而岑用一也，徒苦老庆，于满人无利。适慈圣往淀园，过万寿寺稍憩，召世相独对。世相殊不为左右袒，微露庆、岑夙有嫌怨，慈意稍为之解。四格格更朝夕为其父兄泣陈冤屈，且曰："奴豢于母家，虽一履一袜皆兄予资，今复何恃？”四格格为慈宁弄物，尤动上听。查办大臣醇邸、孙相，重臣也，诸王府第声息相通，岂有不知振贝子纳妓之事？奉诏之日，王指诏末“水落石出”四字，语孙相曰：“圣意在此。”既见世相，世相曰：“此何事也，而可轻发语耶？王年幼，诸事宜诿诸寿州，庶慎己免咎。”孙相之年事老矣，毕世在京，久直毓庆宫，于宫庭知之颇悉。戊戌之岁，曾以进呈《校邠庐抗议》一书，几被其祸，旋乞骸骨。洎两宫西狩，献易位计者均得罪，慈圣渐悟其离间，待上稍宽，复召用孙相。回銮以后，以庆、袁相比，梗于其中，两宫意见未全泯也。袁、岑争权，群矢集于庆、振父子，至揭其狎亵之罪。慈圣命上母弟及师傅往察其情，悔祸之意益显。然闻孙相曰：“政局视吾一举足为重轻，此外人无知之言也。吾一言一动，影响皇上安危甚巨，每念及，战战兢兢之不暇，岂敢稍涉疏忽？今日之事，惩治庆邸，圈禁其子，博舆论之欢欣鼓舞，固自易易。然庆邸，亲臣也，非常熟比，无辞可令出京。遇年节、吉日，递如意、蒙召见，与在位者同，甚或仍准内廷行走。而四格格朝夕在太后侧如故，项城在北洋如故，时时能为庆邸作卷土重来之计。且乘间媒孽吾辈以去，其毒何以御之？吾老何足惜，但不能为己市直，而为上树怨。且今之与项城为敌者，未必能制其死命，惧无以持其后。即使得志，亦将顺焉矣耳，安见其矢忠于上，劝母以慈，劝子以孝，如古人之所为乎？”当时朝中党派情势，孙相之言洞若观火焉。嗣派内阁侍读润泰往津，调取王竹贤、杨翠喜口供，覆奏查无实据，其事乃毕。京曹通例，部属文稿，堂上多因仍不改，然部员仰体堂上之意，亦容有之。

后二年，孙相查陈雨苍案，调用随员，仍内阁侍读、中书之类，且多查办杨案之人。而调取各部案卷互证参稽，一一举其左证，毋稍宽贷，乃知翠喜之事非不能查实，而别有用意也。

一一　奕劻终始为一利字

庆邸势利之交，金钱作用，夫人而知之。托活洛氏陶斋制府，于无意中，与寿州孙文正语，时为庆邸忧贫。言王府费用，每年辄三十余万，虽有禄俸养廉，相差甚巨，云："邸中用度不足，咸知取诸北洋，然究于何项开支、何人过付，无人能测也。"按新军扩张至六镇，隶于练兵处，庆邸领之，一切贿赂之妙用，悉具于此。六镇每月皆有截旷之饷，不下三四万，项城悉辇以献庆邸，仅以夹单上陈，如各营官之于统将也，无文件为据，无案牍可稽，知者绝少。故屡经言官指摘，无从查察。自新官制行，直隶省仅二、四两镇，余四镇悉隶陆军部。铁宝臣尚书为政，仍效项城所为。斯时尚书进而项城绌，几往东三省，盖有由也。及凤禹门将军为四镇军统，并操兵饷之权，继续前事。于是尚书权力日衰，而将军又袭前人衣钵，焜耀一时。在庆邸初无成见，终始为一利字而已。闻翠喜案中，慈圣面责之曰："汝为财耳，国亡，财于何有？"大哉王言！惜未能发其聋而振其聩，悲夫！

一二　赫赫红人董遇春

庆邸当国时，京津道上有赫赫红人曰董柳庄者，名遇春，相传北洋三口通商大臣门役老董之子，世袭其事，无案可考，莫知其详也。时遇春甚显，奔走于势要之门，善于迎合诸贵人之意。为广交要路，动以万计，因之连捐带保，至直隶省候补道。一时，大僚有以裁缺而反得高位者，有以升任而日进不已者，有不论阶级而速化者，有以废员而破格起用者，皆缘之以进。闻一次纳费，多至十数万、少则数万，其陆续费用，亦至十数万、数万不等。其他万千以下之数，道府以下之官，更仆难数。遇春以此博得庆邸欢心，爱之重之在其他亲友之上。偶闻遇春言庆府事，较为详细，特是遇春非读书人，语无伦次，必以意会之。

光绪三十三年，西林驰入京觐见，弹劾庆邸。邸郁郁不得志，有慰之者，辄叹曰："今关情于余者惟杨杏城、董柳庄耳。"杨侍郎闻之，赧赧然有愧色，曰："余与董柳庄等耶？"

遇春曾得罪于项城，故虽具此神通，不能得志。相传项城微时，与遇春约为兄弟，偶值乏时，尚赖其资助。戊戌八月，项城护理北洋大臣，诏下，遇春方饮于侯家后妓院中。闻有是命，大喜曰："是我兄也，又尝假我银百金。"其隔座中聚饮者，有项城中表刘燕年提军在焉，以告项城。项城恶其妄言亵威，如陈王之于佣耕，故人衔之甚。至武卫五军成立保案，聂军奏保遇春以直隶州知州候补，项城附片，劾其身家不清，现充号房。“号房”者，即门役也。荣文忠在枢府，面奏号房董某非遇春，袁世凯误也，附片遂留中。项城益惊叹其能力之大，不说愈甚，而无如何也。其后项城权重时，扼抑之使不得进，故遇春落拓如旧，惟怨当时权要曾由彼进身者，既贵之后，不为己援，而不知其终身否运，由于一时酒后之狂言也。

一三　辽东孤客之毅勇

相传陈友谅败亡，其客渡海越辽阳，至长白山麓，寓一头人家。报仇之志久而弥坚，时明运甚盛，无如之何也。客善青鸟之术，惟日游原野，以待事机，暇则察视地脉，聊以自娱而已。居处多年，与主人家庭渐相习。燕俗重义气，见《五代史·高行周传》。非惟燕人也，愈北而俗愈古，盖其地土厚水深，人情敦厚，笃于友谊。主人视客，如兄弟骨肉，始终恩礼如一。客老且死，谓主人曰：“感君厚德，常欲图报，孑然一身，吾何所有？惟得吉壤一穴，有三百年帝王气运，敢以赠君。他日得志，勿忘明恨”云。此事传之悠远，虽无确据。丁未以后，满洲改为行省，游宦者日渐其多，归而言其风土人情，佥谓其人善与人交，殊无满、汉之见，至今犹然。吾乡泾县翟氏，先世即陈友谅臣下。友谅兵败国灭，余众效忠不去，拥其宗裔，遁至河南光、汝之间，嗣以生息繁衍，分一支入皖，渡江而南居泾县。其先，河南总部犹寄供养之费。继而居泾之人读书入泮，甘食明禄，遂绝不通。载在《翟氏宗谱》，翟展成孝廉言之颇详。观于此而知陈氏覆亡，人心未去，辽东孤客，理固宜然。客姓氏不传，毅勇之忱，较之田横岛中五百人一死塞责者，难易相去，奚啻倍蓰，以视子房仕汉，其志报韩，何以加诸？

一四　别开生面之诛奸尽节

劾治权贵，效命疆场，皆美名也，而莫难于一死。梅村词曰："为当年，沉吟不断，草间偷活，便竟一钱不值，何须说。"遥想明末，刳肠决腹诸君子，前仆后继，死亡枕藉，士气不其壮与？至近年诛奸与尽节，可谓别开生面。当时参李文忠，几等于严嵩、魏忠贤，然具疏者备受无知舆论之赞许，而无纤芥之祸，事过境迁，或更擢用。辛亥鼎革，先朝遗老不肯屈节，避居夷场，辄以余赀作富翁而享清福；否则依附皇室，食俸为生，仍不失禄足代耕之乐。梁星海方伯，以妄论法、越事，严议降五级调用。及銮舆西幸，由武昌府升安襄郧荆道。未几，陈臬开藩，又得罪庆、袁而投劾去。国变之后，南北奔走，以张少轩之荐，继陆文端值毓庆宫，授太保。使杨、左诸君子地下有知，当有实命不同之感。

一五　袁世凯用人之法

孔子曰："勿欺也而犯之。"可谓直言极谏者戒。光、宣之际，台谏中江春霖、赵秉麟、赵启霖以弹劾不避权贵著闻于时，然皆有背影，终不免“欺”之一字。秉麟仕民国为肃政史，姑无论名节，即以其生平弹劾庆、袁章十余上，国变之后乃甘为之臣，将往时谈忠说孝面目一扫而空，亦孔丑矣。项城不念旧恶，宽予擢用。而于条陈外部事宜，隐攻善化之李灼华，以暗通报馆为名，明攻善化之恽毓鼎，悉置不用。楚人有两妻者，人挑其长者，长者詈之；挑其少者，少者许之。居无几何，两妻者死，挑者娶妻仍择长者，取其能詈人也。项城用人，盖用挑者选妇之法。但定情之夕，昔以死争者今以身许，殊难为情耳。

一六　孙家鼐仆役鞭辱赵秉麟

赵秉麟、赵启霖、江春霖三人在台谏中，非特同志也，而且同谋。杨翠喜案虽启霖发难，因是左迁。秉麟具疏争论，谓己本有是意而未及上章，是自承为党也。孙相查办，不满其意。固无待言。未几，孙相舆从遇秉麟于正阳门洞，毂击肩摩之地，骑者先导，指挥途众，令舆得过。秉麟之父，与孙相己未会榜同年进士，秉麟其年家子也，遽来书云：“遇公于正阳门，下车，为厮役所鞭者再。不意年伯素性和平，而下人横暴如此。伏思相公之体制虽极尊严，而御史之法骢亦何容鞭辱？”云。孙相得书，亟往诣秉麟，秉麟避不见。孙相曰：“吾为谢罪来也，主人虽不在室，胡可径去？”下车登堂，向上行一跪三叩礼而归。俄顷间，秉麟即来，亦下车登堂行礼，不见主人而还。京中颇有知者问秉麟，辄讳言之。盖自觉其已甚也。孙相骑士名陈元，其后为东海徐相纪纲之仆。民国改总统制，东海为国务卿，称相国，陈元为传宣官。秉麟适于其时充肃政史，自无有不见相国之理。沧桑一变，大清国易为民国，皇帝易为总统，大学士、军机大臣易为相国，御史易为肃政史，骑士易为承宣官，而秉麟之为秉麟如故，陈元之为陈元如故，秉麟遇陈元，不知若何感想？陈元遇秉麟，亦不知若何感想耳。

一七　岑春煊获罪始末

西林于随跸之役，始识总管李莲英。未几，开府山西，移节两粤，屡叨异数，慈眷极隆，声望之美南北相当，贡献之品络绎不绝，足抗项城，皆李总管为之内也。沪滨养疾，与武进盛杏荪尚书交，一见如故。武进喜知名之士，文人墨客结习，花晨月夕，莫不以气节为谈资。西林居处稍久，遂与俱化，颇以名臣自励。入觐至京，各宫监欣逢旧雨，且患难之交，靡不心悦，西林视之蔑如也。及贡广西土产狗鱼，两宫知为珍味，命付庖厨。莲英曰："是物鳞类而有兽形，恐具烈性，不宜圣体。"命豢诸湖中，莲英曰："观状颇恶，纵入水中，鱼鳖之属无噍类矣，且恐夜出伤人。"乃弃之。西林于是乎宠衰。会粤中舆论与新督周公不协，上命复旧任。过沪，与诸名士交游，托疾不行。上海道蔡伯浩观察得其西法撮（摄）景，以新会梁启超旧景相合如一，以为逆党之证，进呈御览，遂得罪。

一八　沈能虎与妓女合影

摄景之法极其浅近，两片相合，尤轻而易举。光绪十年间，招商局得旗昌洋行业产，浸以盛大。李文忠以马建忠总办局务，沈能虎为副。建忠惎之，密以能虎与妓女合影献之。文忠雄才大略，本不以为罪，嗣见能虎仅加斥责而已。能虎末秩微员，谒见上司，殊不敢对；文忠既未明言，尤难申诉。退而告人曰："苟以傅相影加于其上，无不合也。"时传为笑柄。后二十年而有岑西林之事。

一九　鹿传霖衰龄而保持禄位

善化罢相，林赞虞侍郎有连带而去之势。上将择相，于是寿州、定兴同日召见，命长白世相从之入对。是日，定兴奉诏再简枢臣。寿州曰："上知我重听，尚未知定兴与我同病也。"自是而后，庆邸专权如故，南皮内用犹无能为，遑论其他。定兴旅进旅退，虽随班而上，于事一无所闻。下直后，辄向军机章京询问本日例行公事，犹得一知半解。至于密勿，不能参预，自不待言。此老以倔强著闻，而衰龄保持禄位，至于如此。可见张禹、孔光举动，皆在人情之中。

二〇　林赞虞与瞿鸿禨

林赞虞侍郎为谏官时，以风骨著，非清流诸君子，徒托空言之比。善化相国，少年科第，以经济文章自负，与侍郎素相钦重。庚子回銮之后，善化入相，时侍郎洊升专阃，内外尤相契合。官制改革，引入枢廷，共任艰巨。杨翠喜案，振贝子上疏乞去，中有一联，用上谕中"水落石出"四字嵌入句中，云："虽水落石出，圣明无不烛之私；而地厚天高，局蹐有难安之隐。"侍郎读毕，叹曰："好文章。"庆邸衔之。及善化放归田里，诏下，侍郎又大诧曰："进退大臣如是之轻率耶?"召对时，力请查办。太后曰："查办若实，厥咎更重。"是善化去职，深宫正有成见，不言而喻，而侍郎不知也。未几，遂出枢廷，任豫抚。

二一　军机大臣形如舆夫

京师舆夫四名，谚云："头一个洋洋得意，第二个不敢泄气，第三个浑天黑地，第四个不知那里。"谈者比以军机大臣。向例，枢臣入直，在御案右旁跪，其跪垫挨次而下，惟居首者奏对，其次则跪处由渐而远，谛听上谕，不能详悉。即有陈奏，上亦不能尽闻，仍由居首者传述。故枢廷诸臣虽云同时入直，然自首座外，其余率非问弗对。京谚以舆夫四人状之，情形毕肖。

二二　于晦若善作散体文

于晦若侍郎久参李文忠幕，书牍多出其手，《清史稿》谓奏牍多出其手，乃相传之误。侍郎长于宋人四六，《困学纪闻》论文所举各条，侍郎优为之，故文忠谢恩诸奏，望而知为所作。至论事折子，文忠方以自命，何待人为？如有集思广益之处，幕中人材济济，非止一人。丰润联姻后，时参末议，目中岂复有侍郎在？光绪乙未之岁，文忠自马关归，入阁办事，寄居贤良寺，侍郎始为记室之长。是后，章疏寥寥无几。出任两广，侍郎又未从，故《文忠奏稿》八十卷，虽谓其无与于侍郎，可也。然侍郎散体之文，其揣摩工夫能恰如人意之所甚欲，其运用词藻可以达人口之所难宣。光绪末年，侍郎以西林势败之故，出使德国，充考察宪政大臣，无异宋人之远谪。临行一奏，庆邸读之，称赏至再。南皮素与之善，搀言曰："此人归国，何以处之？"项城以手指地曰："莫善于此。"意谓军机大臣也。南皮乃不复言。

二三　满洲跪礼之谓

满洲一足跪之礼，名曰"请安"，非真长跪也，一膝稍曲而已。满洲人无分男女，偶相遇即行之。凡内廷行走，满籍大学士以下，相遇皆然，则不足为荣辱，从可知已。至卑贱遇尊长，则双膝落地，名曰"跪安"。汉京曹相见，均长揖。

外官则自知府以下谒长官，均请安。谓之行旗礼，可也；谓之有加礼，则未见其然也。《嘉谷堂集》书阿文成公遗事，内有一条云："星衍改官比部，偕同岁生马履泰谒公，公止星衍等，勿行一足跪礼，曰：'吾为郎官时无此礼'云。"是乾嘉时已以是为卑屈，相沿至今，而其实非也。光绪末年，厘定官制，不分满、汉，于是汉人学旗礼者日多，反以请安为时式。可知移风易俗，未为难事。

二四　君子不重则不威

京官重礼节，然礼与谄不同，匪惟无谄于同官也，亦无谄于长官。京曹虽有尚侍，无论王公大臣，其属僚除送稿、画诺外，鲜有至其宅者。粤东陈锦涛以游学生考授编修，供职度支部大清银行。其时泽公喜学生，颇信任之。武进盛尚书以为译员，筹借款遣往欧洲，见银团解释用途，骎骎乎大用矣。忽逢辛亥之变，锦涛走沪，谓人曰："满洲宜亡，以少年不经事王公为长官，令吾辈口称章京，叩头请安。"谑者曰："京朝官无是礼也，苟非尔自往口称章京、自往叩头、自往请安，谁令尔行？"家式甫为军机处章京时，项城入值枢廷，式甫持稿往见，项城不知枢垣掌故，坐而受之。式甫稍退不与，项城微诧作声，式甫更退后，项城觉而起。自是，项城益加重视，式甫由帮领班跻正领班，项城之力居多。孔子曰"君子不重则不威"，其斯之谓与。

二五　清朝职官之朝珠

本朝职官入朝奏事，始不执笏，朝珠庶乎近之。每挂壹百零八颗珠，上下左右每二十七小珠间一大珠，以珊瑚、翡翠为之，谓之红绿佛头。佛头或即笏头，满洲制度无考，不可详也。其在胸前者，左右小珠三串，各十粒。男子二悬之左，一悬之右；妇人二悬之右，一悬之左。谓之记念。最初用法，殆为以笏记事之意。北方土俗近古，抑结绳之类欤？俗语谓之“三台”，取美名而吉兆也。其在背下垂者，谓之“背云”，君子无故玉不去身。观于此而知国初入关，悉从明制，是荀子“法后王”之说也。章服虽有更变，略存古意，抑孟子“法先王”之道也。盖两用之。

二六　李经迈与林赞虞

林赞虞侍郎任豫抚时，李季皋侍郎由苏臬调豫。二公素识，同官一省，相得益彰。各省军政，向来督抚专权，两司兼督练公所，循例署尾而已。李侍郎将门之后，莫展其才，与项城私函，偶言及之，弗善所为。未几，陆军部派员查实，林侍郎缘此内调。适逢其会，林侍郎上章称许李侍郎，推崇备至，一则曰“国家柱石之臣”，再则曰“李某克家令子”。都人疑焉。林侍郎入京，李侍郎又有书来，极其㧑谦，叙述彼此交情，谓如父兄之于子弟，于项城及后任吴中丞均有微词。枢臣调停其间,将李侍郎调浙臬而两解之。李侍郎以病辞官,留京不行。二公素行,均持重无私,虽一人急功,一人持重,性情万不能合作,然未至于倾轧。其所以误伤者,李侍郎之才卓越庸流,惟学不足相济,故两书之中,词意不无重轻,以致于此。故言为心之声,不可不慎也。

二七　慈禧晚年好货而无与政事

慈圣晚年,不免于寡人好货,而无与于政事。项城、西林皆以贡献互相斗富,因其官高,愈增荣幸,未必以之登进也。且此端微开于李文忠,而张文襄继之,在当日督抚为见所未见,亦非项城、西林开其先也。

辛丑回銮后,朝廷惟惧外人图己,项城近在北洋,手握重兵,尤为倚恃。侯官沈爱苍中丞,时为京兆尹,窥知其隐,步袁、岑后尘,藉交通宫禁之力,胁取各省数十年久已停解之顺天固本京饷,成兵三营,更近在肘腋之间,思间项城之眷。卒以职位较卑,为所龁而去。文忠公子季皋侍郎,以门荫起家,简浙江按察使,入都陛见,蒙赏饭。是日,项城约之午膳,临时而侍郎以电话辞。夕至其宅,项城问日间之事,侍郎告以故。项城大惊,曰:“尊宠极矣!汉大臣中惟余与岑春煊受此恩遇。”问席中见何人,侍郎曰:“派太监伺候。”项城益讶曰:“上视子与余辈等耳。”然终光绪间,侍郎并未大显。沈、李二公犹曰先泽也。

寿州孙多祺,以道员需次直隶,善于观风望气,交结宦寺,求梯荣之路,而终穷。先是,辛丑之岁,任河南祥符首县,适两宫回跸,奔竞之术,百出不穷,行宫门外,趾为之穿,一日之间,龙光三接,时夸于众,传为笑柄,然其后潦倒极矣。光绪末年,由李总管献菊花百盆,言家贫,只此区区之物,聊表忠悃。慈颜怡悦,赏御书匾额,多祺自天津寓所,具鼓乐候于铁道侧迎归,招摇过市。慈圣于此类事视为无足重轻,不能由此而猎取爵禄也。

二八　光绪与慈禧之致疾

帝自西狩以来,渐与太后母子情意如故。太后惩国家多难,宗社安危,惟帝是赖,途中调护备极恩勤,帝亦服事惟谨,欣欣然有祥和之气象。

回銮之后,长白荣文忠公辅政,未几卒,庆邸代之。项城、西林,南北重镇,协力维新,天下称治,民亦劳止,汔可小康。帝性直率,于戊戌之事颇有遗憾,心所不平,辄形诸笔墨,曰:"某某可杀。"类似宋宁宗皇子竑书"弥远当决配八千里",而不知祸作于肘腋间也。谗者果挟以诉于太后,宫闱嫌隙复生。帝无尺寸之柄,郁郁益以致疾。禁中事秘,京外颇有讹传。

至光绪三十三年丁未,始以痼病闻于外,诏征四方良医。时下悬壶之士,如陈莲舫类者,贪得御医之名,远近咸集,麇聚辇下。帝沉疴已久,易生暴怒,医人请脉,不以详告,令自揣测,古法望、闻、问、切者,缺问一门,无论何人,均为束手。及书脉案，稍不对症，即弗肯服。有时摘其未符病情之处，御笔批出，百端诘责。批陈莲舫方云："名医伎俩，不过如此。可恨，可恨！"纷纠年余之久，所患益剧，虽日视朝，步履非复前状。

戊申十月癸丑朔，时享太庙，遣恭邸代行礼。是日，枢臣甫入，帝泣云："予恐不腊矣。为太后子，不能奉侍，奈何？"太后安抚之。自此乃不早朝。帝久病之中，忽中止听政，咸知为不祥之兆。时政在慈宁，人心未甚震异也。太后体素康健，喜服腻品，因以致疾。甚剧时，庆邸往奉天，验收普陀峪东陵工程未归。两宫病重，枢府诸臣皇皇无以为计。二十日，庆邸返，先与项城计议，项城曰："吾辈汉臣，惟知国赖长君，其他非所敢言。"醇邸曰："若仍为臣，无不可者。不然不敢承。"佥曰："宜入见。"乃请起太后召见。禁地森严，至是而益密。枢臣每人至，辄问曰："谁欤？"对曰："某。"乃开一罅内之入，旋闭之。又一人至，亦如之。毕入，恭邸尾于后，卫士曰："未召王。"拒之于外。太后在寝室，稍颓饰，倚衾坐，见诸臣先问皇帝病况。庆邸对曰："疾大渐，宜立皇子。"太后曰："先令载沣之子入宫读书。"醇邸辞曰："臣之子幼，载涛之子长，愿太后善为计。"太后微愠曰："汝糊涂，此如何时，而犹作是言耶？立汝之子为穆宗毅皇帝之嗣，汝为摄政王。汝虽无才能，择有才能者为佐，勉之毋懈。"庆邸请兼祧至再，不许，乃皆退出。及立储诏下，末云："兼承大行皇帝之祧。"乃太后所未及知者。太后以光绪初年早有成议：今上生子，为穆宗之嗣，有约在先。然枢臣拟兼祧之谕，亦合乎礼之变，未为违旨也。

二九　太后有私蓄三千万

太后有私蓄三千万，半在南苑，半在大内，皆用红绳束之。庚子之岁，乘舆播迁，辇运不及，乃遗之去。八国联军入都，世相时以内大臣居守，用日兵为卫，洎驾返而无所失。慈颜大悦，世相以此骤贵。孝钦皇太后崩，宫监黠者，尽其所有，以献孝定皇太后，而阉人之势因此不衰。未几，清亡，孝定皇太后旋崩，宫禁内事，仍为旗员把持。辛亥后，大内用度，想出于此，何时侵蚀始尽，亦无可考。

三〇　李莲英张德堪入《宦者传》

李莲英所谓皮硝李也，在安得(德)海之后，内监权势莫逾于彼，然孝钦太后家法綦严，惟内务府中司员在其宇下，不能不常与周旋。当时大僚，幸邀慈眷而交通宫禁，或知之有素。外廷诸臣，莫得晤其人。莲英从不轻出，识面尤稀。显后晏驾之四年正月，火神庙会移于香厂，忽于游人中，有人私语曰："此李莲英也。"视之，乃黑丑大汉，适成其为北方之强者而已。小张德继为总管，与京朝官吏时有酬应。母寿，贺客盈门。值骡马市大街修治道路，为途所必经，警吏为之先期竣工。犹子某，供职军谘府，已入宦途，与张绍轩军门联谱，隐有亢宗之意。清末风气，人人观念，颇以为军门之荣。亲贵王公,反介军门以结于张德,为取悦宫闱之捷径。军门落职居京,以此之故,出为江防军帅,授两江提军,颇负时望。履任之始,无赀以往,张德之母假以五万金,而后成行。燕人重义气,张德一家视军门如骨肉。鼎革之际,军门力守金陵,不受各方之摇惑,事虽不终,东南方镇未之有也。追惟终始之际,其情感未尝不自是而来。欧阳公作《五代史》,立《宦者传》一门,皆取其有关于国事者。吾于李莲英、张德窃有感焉。

三一　袁世凯被逐内幕

项城以戊戌之变,得罪先帝,惧祸之及,倡为立宪说,尊民权,重民意,俾无故不能诛大臣。杨杏城侍郎为之计曰:"立宪、官制各有责任,不能兼差。公为光杆总督,是未受立宪之益,而先受其损矣。"光杆者,俗语他无依附之谓也。项城不听,既绌于官制之会,知其策不行,乃献交邻之策,阴以树外援。当是时,唐少川侍郎主交美,梁崧生侍郎主交德。唐侍郎聘于美,议加两国使臣之级为大使,不得要领而归。日本人忌之,有行反间于摄政王之左右者,曰:"日本之至中国也,在三日之内;美之援中国也,在二十日以外。夫不忧三日之祸而待二十日之援,谋臣失策,为不忠。"度支部尚书泽公,以武进盛侍郎为谋臣,袁、盛之仇固结不解,泽公亦不悦于项城所为,谗之曰:"岁费益巨万,仅得大使之虚名,岂计之上者?"项城乃被逐于外,而远交之策不行。

三二　翁、翟、袁三公之出枢廷

戊戌，常熟放归。是日有旨，先令其待于外。常熟私忖不过如甲申之屏出枢廷，甚至开去各项差使而已。诏下，捧而流涕。盖以师傅之尊，等于斥逐，不稍予以礼貌，诚出人意外。丁未，善化放归，适当夏令，枢廷诸臣来时稍早，皆释冠带，室内憩息。诏自内下，众方趋视，善化学问本高，年力正富，略为观察，一览无余。旋即束带整冠，入内谢恩，趋而出，无一语。戊申，项城放归。是日枢廷散直，摄政王复召世、张二相入内，出诏旨。初更严厉，世相力争，仅得开缺回籍。项城奉诏，面色皆赤，强作狞笑，云："天恩诚厚。"时孝钦显皇后之丧仍在宫中，先帝奉移观德殿。项城时为恭办丧礼大臣之一，轮日值宿，忽念及此，曰："今当直奈何？"世相曰："吾为子往。"项城半跪谢之，乃出为归计。闻其家人恐有后患，力劝为外国之行，项城意不之动。家人长跪许久，号泣随之，乃以电话召张镇芳都转至京议之，为筹赀斧计也。谈至经夜，翼日与乘京奉车至天津。都转在一等车，至城站下。项城微服在三等车，至老龙头车站下，寓利顺德饭店，使都转往见直督杨文敬，无他意，乞资而已。都转尚未言其来意，文敬闻项城至大惊，曰："渠奉旨回籍，胡可以来？若然，必以上闻。"都转不复言而去。文敬以告其幕客，客或曰："虽然，必往慰之，毋令憾我。"文敬遣其子往，而都转之言已先入矣，杨、袁由是不睦。项城旋得赵智庵、杨杏城两侍郎电话，促其速返，乃还京就道。三公之出枢廷，情事相同，而处之不同如此。

三三　杨士骧、杨士琦兄弟

南皮张文襄在京，尝言泗州杨莲府制府、杏城侍郎兄弟非一母所产。易实甫在侧曰："同母兄弟也，公胡以决其不然。"文襄笑曰："一龙一猪也。"或问侍郎曰："子孰为龙、为猪？"侍郎曰："以南皮目光断之，人果成进士，虽杀人亦可以减罪。吾兄词林中人，定为龙，余定为猪。"文襄又言："番禺梁彦孙太史与杏城侍郎必感同气而生。"疑其相似之甚。时尚为诗钟，一日拈得"奇态"二字五唱，黄绍第叔庸得句云："弟兄岑氏奇皆好，姊妹杨家态并浓。"南皮大称赏，称为钟王。其于侍郎，无往而不加贬辞，诸如此类。洎慈圣上宾，项城斥去，醇王摄政，颇倚任南皮为重。铁宝臣尚书长陆军部，与涛贝勒同领禁卫军，深相结纳，谓涛贝勒曰："袁党之势已摧，若去杨士琦，则根株尽绝。"涛贝勒初出任事，不知其为何如人，曰："谁为杨士琦者？余胡不知。"尚书曰："王于观德殿之下，丧服哭灵诸臣之中，有大红鼻子者，即是人也。"时先帝之丧奉移观德殿，故尚书云然。良赉臣统制素仰南皮如泰山北斗，言及杏城侍郎，辄云："大红鼻子，非佳物也。"

三四　宣统年间政情

摄政就职，庆邸威权大损，见项城屏逐，知将及己，遇事更形退缩。宣统年间，政局情形极其复杂，铁宝臣尚书喜于军权在握，忽出为江宁将军。世伯轩相国，于诸满人中负一时重望，忽与吴郁生同时罢值枢府。涛、泽参预密勿，权在枢臣上，传闻涛将柄政，召用袁、岑，已忽寂然，足征当时起落不定之象。庆邸依违其间，时或于彼有利。二年秋，朗贝子与东海入直，涛之力也。庆邸知朗之易与，玩之股掌之上，权势日就恢复。又荏苒经年，改庆内阁，而后国亡。

三五　世续纵庆邸作恶

世伯轩相国索勒豁金氏，今之张禹、孔光也，未尝篡汉，然王莽之篡，实二人阴以纵之。索勒豁金未尝贪横，然庆邸之作恶，实彼有以成之。庆将以黩货败者屡矣，杨翠喜案几不免，奉查办诏，泣曰："臣罪实当诛，不实奈何？"太后曰："言者有罪。"世相于此际，初未尝为庆陈辨。而召对之时，唯唯否否，令天颜不觉而为之霁。项城放归田里，庆邸有联带去职之象，谓世相曰："如不用我者，宜自请退，毋逆舆情而逐我。"世相为之缓颊，而庆之贪横得与国同休。其他大政因之迁延不举者，不可胜举。丁巳复辟，近臣中，虽知其未可，莫不欣喜。世相独不然，是真别有肺肠者矣。

三六　天意之为

良赉臣统制与世伯轩相国,在晚清可谓第一流人物。世相以巽懦亡国,统制清刚,适与相反,其覆邦家,亦与有劳焉。统制以丰沛子孙,东游学于日本而归,饱读兵书,熟谙世变,适逢其会,夤缘得为涛贝勒幕宾,处大有可为之势。时在光、宣末造,宁不知岩墙之下,举动皆足致祸,乃一意新法练兵,招致非类,酿为肘腋之患。天之生才,在前数十年则为多隆阿,在后数十年则为良弼。天实为之,谓之何哉!军谘府初名练兵处,统制为司长。项城阴忌之,调至第三镇为标统。其镇统某夙以屠名,统制辞不往。时庆邸为练兵处督办,复调回京。项城不可,言将不用命,以去就争。相持之际,皆诉于庆邸。庆邸两解之,命统制往见项城言谢。项城声色俱厉,促速至军,曰:“汝好为之,且擢汝为大将,不然斩汝首。”统制出,汗流浃背,谓人曰:“生平所未见之严威也。”在军三月,仍调京用。项城用人善于操纵,诸如此类。然在前数十年则为胡文忠,在后数十年则为项城,亦天实为之耳。昔人谓明末流寇,皆胡蓝狱中功臣后身,虽寓言而有至理。清自开国以来,朝廷颇负汉将,微特年羹尧、张广泗、柴大纪以冤死也,岳钟琪部下健将纪成斌、曹勷辈俱不得善终。湘、淮将帅中兴之绩足与创业比隆,赏功亦薄。至亥子之际,所用汉将莫不负朝廷,殆亦天意与?

三七　诸王公出使辱国

镇国将军载振使英，贺爱德华七世加冕礼，归授商部尚书。诸王公艳之，佥思作海外之游，以猎取高位。贝子溥伦之美，观赛会；镇国公载泽之欧、美两洲，考察宪政；贝勒毓朗之厦门，招待美舰；镇国将军载搂之美，充一等参议；贝勒载洵、载涛之各国，考察海陆军政。使节联翩，不绝于道。诸王公年少未学，声色狗马之外，他无所知，举动皆足以辱国。洵贝勒至英伦，馆于王宫。客舍有食堂，各国王公贵人来者皆在焉，洵帅其护卫以往。护卫咸北五省籍，华人佣于英者，惟汽船工役亦以北五省籍居多，护卫引为乡里，食时与俱，同席者以为大辱。英伦船厂商人闻吾国海军大臣至，盛席作乐燕之，诺将往矣，已而不果。校阅师船，约以己正，逾期而往。及至柏林，誉德之强，宣言于众，诸多失辞，英人憾焉。涛贝勒至英，英几不受，适爱德华七世殂，强以吊使往，许之，期以三日，至四日始行。诸王在外皆有挟妓之名，搂充参赞尤无忌惮。

三八　载涛贝勒美英德俄之行

涛贝勒考察陆军之役，从者皆军将，惟李季皋侍郎以将门之子，厕于其间。途中耸恿贝勒联络邦交，以为牵制之计，贝勒意动。舟过檀香山，观珍珠湾险要，防日本也，工犹未竣，规模之宏远、经营之完美，为生平见所未见，向所濡染于日本东京学生之言，以日本为天下莫强者，观念稍变。至旧金山，吾国使臣张荫棠迎而登陆，易车之华盛顿。车中，荫棠曰："王之来也，专以军事与？抑朝廷其有本指与？"贝勒曰："无之，专以军事来也。"荫棠曰："王其秘之与？余实为行人，胡可以不知？"曰："否，其实无也。"荫棠曰："然则王胡以来？昔岁唐绍怡（仪）来聘，列邦人士，好我者喜，恶我者惧，咸曰：'其中必有物。'绍怡（仪）返已逾年，忽焉而已，四方荧惑已甚，而王适至，若又无所见而来，无所闻而去，人其谓我何？然则王胡以来？"皆不应。荫棠曰："国家之危，将在旦夕。以王之尊亲，使于四方，苟利于国，观时而动，何等不可者？不然，亦伪为之，庶无贻羞于此。"贝勒深然之。

至华盛顿，见总统塔夫特于白屋。贝勒凡燕宴，皆李侍郎相为之通译。白屋者，美宫也，制度简略、其侧有小园。宾退，主人导之园游。及门，宾曰："昔者闻君宣言列国，以敝邑之土地、政事、权利为不可犯，引为己任，惠之至也。寡君拜君之赐，使某私焉。"塔夫特曰："是吾心也。"是夕，宴宾于白屋。坐中，外部大臣那克斯谓贝勒曰："吾国与中国，对立于太平洋东西两岸，中国之无患，吾国亦有利焉。反是，害亦随之。吾总统自麦金尼（莱）、罗斯福以至今之塔夫特，莫不以中国之土地、政事、权利为不可犯。塔夫特曾履中土，持之尤力。继之而在位者，舍此莫由也。中国之事，当王者贵，一人有庆，兆民赖焉。非若此邦政俗，一兴一革，必每人而悦之也。昔大彼得游学而归，而俄始大，以俄俗类于中国，君权独重，一正君而国定也。子归，曷不疏请幼主游学于欧美，以为变政之计。”各国通例，国主之宴，非有故，席间无颂词。此时宾主欢甚，塔夫特谓那克斯曰：“吾思今日之乐，仍以颂为佳。”乃立而言曰：“祝大清皇帝之无恙也，祝其学之日进也，祝摄政王之行无不宜也。”膳毕，塔夫特请贝勒入烟室，塔夫特曰：“国必自立，乃得他人之助。苟遇非礼，力拒之不敌，公论宜为之援；若己先与之人，谁与争？”言竟，登楼入室，坐而言，更述前语。又曰：“国家之强，由内治也。内政不修，何以御外？”知其将往欧洲也，则曰：“于子之行，求友匪易。英之日、法之俄，皆与国也，乌能舍而亲子？惟德意志尚无他耳。”贝勒居华盛顿三日，相形于人，自惭于己，颇为发愤，曰：“我之存亡，仅于人微有牵掣耳。人犹如此，我何以堪！”乃电致摄政王书，具述其事，请速为计。

至英，英不礼焉。英人以铜官山争矿、澳门勘界、达赖喇嘛革去封号，责难于我，如吕相之绝秦。适爱德华七世殂，奉朝命以吊使往，四日而行。

至德，见德皇威廉二世，与于宰相和鲁威之宴，外部大臣希音在焉。德相与外部，衙署相属。毕士马克之相德也，其子为外部大臣，居处最近，朝夕得承其命，以是相传视外部大臣如掾属。时五月五日也。次日出德京，往观各军，视诸险要。越四日，在克虏伯厂始得电谕，令聘德将练兵于北徼外，借美国资本兴农工商业。为并交两国之计，乃谋于使臣荫昌。荫昌曰:“昔余东归,德主谓余曰:‘子之国孤立于东,吾国孤立于西,安得一日者左提右挈,使其势不孤乎?’余归,夫谁与言?今有此旨,机不可失也。朝廷之意,借美资、用德将,未始非计。然用其人,多不过数百耳,奚足以动之?不如并用两国之资,俾知其利大,以悦其心。”乃使荫昌往见希音、何鲁威而叩其意,佥曰:“可哉!”问其节目,曰:“且徐计之。”求见德主道意,则以旧例所无辞。福纳根汉者,接待官也,曾充湖北武备学堂教习,时位至正参领,愿达意于德皇,以电话询诸侍从武官长。次日黎明,以复讯来曰:“寡君使余从贝勒游于波斯墩行宫。”李侍郎及荫使相贝勒往。及门,行未数武,倏见德皇牵一犬至,若相遇也者,旻福纳根汉,福纳根汉退。又行数武,入林中,胡床一,德皇与贝勒并坐其上,李侍郎、荫使左右侍。德皇曰:“贝勒之意,予知之矣。明岁使吾子为亚洲之游,乃有条目,今未可也。吾国与中国过远,今日之事,必与美共之乃无患。尤其要者在于内,未有内政不修而可言外交者也。”

至奥,遂至俄,俄人亦不礼焉。俄皇拒而不见,辞言舟游芬兰海中,行无定所。固请,且私于其近臣某,始得行一觐礼。驻使萨季谦宴于其馆,俄外部大臣伊思渥尔斯克坐与李侍郎相近,问曰:“余昔使日本,游北京,使馆中遇勋贵李公者,谁与?”侍郎曰:“家伯兄不在京,仲兄已逝,惟余居京,与俄馆最相习,其余也耶。”伊思渥尔斯克曰:“今兹王来,惜时之不令,未隆礼貌,滋以为歉。”侍郎曰:“昔我先公之来也,中、俄均为与国,宾主至欢,今俄友日而疏我,理固宜然。”伊思渥尔斯克曰:“是谁之过与?我疏尔耶?抑尔疏我也?”侍郎曰:“始吾以俄为上国,私与订盟,欲以报日也。吾国土地,许其假道筑铁路为军用,无所吝惜。拳匪之难,订东三省之约。苟利于俄,吾无不予也。英日之人号呼于侧,吾不忌也。吾之亲尔,其谁不知!自尔以堂堂大邦,败于蕞尔小国,吾失所依而意有所移,焉能责我!”伊思渥尔斯克曰:“尚言盟约耶!尔视我如寇仇。日、俄之役,袁世凯公然为日本后援,秣马厉兵,张扬于众,为吾之敌。幸彼众仅数万耳,亦幸而知俄之不可终灭耳。假使彼拥数十万之众,且将加兵于我,吾不胜其怒而出于是,君何责焉?”侍郎曰:“以俄之大,而败于日,辱莫大焉。吾意苟可以报日者,宜无不为也;五洲各国,苟可以同仇于日者,宜无不与也。任何国焉,唯盟之寻,无与日本释怨通好之理。胡为反之,而与日本协以谋我?”伊思渥尔斯克曰:“不然,此客气也,非国计也。国家之事,利则行之,何仇怨之有?始余使东京,献联日之策,君与相弗善也。日、俄战作,余罢归,未几战败。政府念前言之验,余进为外务大臣,持前说益坚。当是时,师徒挠败,杼轴久空,生聚教训,非数十年弗克苏。内顾之不暇,焉能谋外?既不胜战,焉能不作和计?释日本之怨,与之通好,于是外平而内亦成。”余曰:“昔中、俄亲甚,英人惎焉,肆其流言于外。余昨入公室,见英主爱德华七世画像悬于壁上,而偶像置于案头,英、俄相好,不言而喻。英之憾俄,出于性分之所固有。近数百年,英国文辞无问出于口、著之书、登诸报,莫不蓄有仇俄之意。任何邦国族类,有一语涉于亲俄者，皆痛诋之不贷。牵率天下言论以从其后，而排斥乎异己，恨毒固结而不可解。今若此，可知人心之怨，无不可释也。”伊思渥尔斯克曰：“我师败后，吾国勋爵衔日至深，余骤主联日之说，必不入耳，其策必败。先英而后日，乃合二国之成。于时奥人取波黑二州，英、法二国争摩洛哥之利不相下，牵涉全欧，几出于战。我军新衄，何以待之？与英修好，以弭战祸而息吾民，持之数年，国势复振，人心之怨，无不可释者。观于英、俄相亲，益信如中国亲俄，即今为之，未为晚也。及是时不思补救之策，恐他日之事，尚不止此耳。”伊思渥尔斯克言中，已含有库伦之事矣。

贝勒归，欲自入政府，而引徐世昌为佐；以李侍郎为外务大臣，陆徵祥佐之；出世续、吴郁生于外朝，简那桐为驻防将军；命曹汝霖使法，胡惟德使俄，以俄日之争满洲也；锡良稍弱，不足御侮，将设督办铁路大臣于盛京，假德、美二国之资，筑葫芦岛至爱珲铁路，由张家口经库伦达恰克图，由汴洛经西安达兰州，横亘西北；起岑春煊为热河都统，起袁世凯为陕甘总督，用德将校大练陆军以固边圉。言于摄政王，王始犹听从，世续、吴郁生皆罢。值良弼献策于贝勒，不遽入政府，以毓朗、徐世昌尝试之，锐志遂渐消灭。良弼本与李侍郎不睦，至是意见益深。贝勒幕中宾客犹且不和，安望平治天下？德太子行至新加坡，以鼠疫为辞而返，亦知其无所用矣。

三九　人骑马与马驮人

涛贝勒至柏林观操，武弁刘庆恩堕马。庆恩者，湖北武备学生，福纳根汉之弟子也。福纳根汉时为接待官，欲藏其拙，为备车乘归。贝勒恶之。良弼曰：“人有豢马者，使行则行，使止则止，使速则速，使徐则徐，唯所用之，无不如志，谓之人骑马；虽有良马，任性而行，周旋不能，进退不可，谓之马驮人。庆恩非骑马，马驮庆恩耳，奚以责为？王之用人，骑马乎？抑马驮人也？”自是，贝勒用人，趋于谗谄一派，而新学一流亦阴进矣。

四〇　清末王公自革其命

清末王公当道者，惟庆邸用人但知财货，犹不脱本来面目，亦不至大为宗社殃咎。振贝子于唐蔚之，仅以为作官引导，学之惟肖，旋即弃去不用，犹传其父衣钵。洵、涛两贝勒、泽公，则非徒为利，而又自逞其才，故学生一派乘之而起。若辈接近邸第，把持部务，若似乎在王公及部员之间生出一重障碍也者。至部则曰：“王爷、公爷之意也。”在邸则又曰：“部员非此不可。”因而上下其手，甚至潜施毒计，以覆其宗。革命之事，仍诸王公之自革而已。

四一　载泽拥有汉冶萍股票

泽公用武进盛尚书，有贝之财与无贝之才实兼收而并蓄。武进谙于财政，为是时第一流人物，有王者起必来取法，钧衡重任，当之无愧。然泽公拥有汉冶萍股票，其暗号曰“如春”，谓帝泽如春也。虽不敢遽定为贿，抑无人能断其非贿矣。

四二　端方无行

炎凉之态，世所不免，然不如陶斋之甚。李季皋侍郎常述其反复，以为笑乐。光绪三十二年，侍郎使于奥，陶斋以考察政治之命至。方议为慈圣弭谤，谈笑甚欢，忽以奥人供应不周，多方责难。侍郎曰：“公之官有大使之级，而公所奉之命则非也。”不欢而散。侍郎畏其谗，先以情上达。陶斋归，果有媒孽，那相笑曰：“休矣，已为被告而犹不知耶！”乃大沮丧，不复言。次年，侍郎简苏臬，致书陶斋，时为江督，久置不答。侍郎陛辞，据实上闻，且述前隙。慈圣曰：“彼恶敢然。”次日奉旨调豫臬，旋得陶斋贺电。自是数日一讯，属托其弟端锦。

端锦者，河南候补直隶州、充陕州盐厘局总办，通省第一差也。丁嗣母忧，求许夺情。陶斋书言：频年亏累，赖弟盐局岁助八千。既知其事不行，犹请缓三月离差。卑鄙不堪言状，直至其弟去而止。是后，音问又绝。

宣统初元，侍郎闲居京师，辄携二妓至御河桥旅店小饮，即都人所云“六国饭店”也。时伦贝子犹未得志，辄来聚饮，兴尽即去，不相邀亦不相送也。一日，贝子引陶斋入，略一周旋，若相识若不相识者。次年，侍郎从涛贝勒考察军事归，一夕，贝勒由电话中言端四求见，俄顷即至。嗣后数日必一来，食云则食，坐云则坐，如晋平公之于亥唐。

是岁九月，粤督袁海观制军将告归，谋缺者众，陶斋忽邀侍郎夜饮，宾主二人而已。膳毕，尽出所藏四王、吴恽名迹，互相鉴赏。侍郎曰：“此诚美矣，犹不若余藏廉州册为尽美。”陶斋曰：“犹有佳者。昨观公斋，非缺烟客一家耶？”出烟客画轴，悬之于壁，相继而上，于俄顷间而太常之画满壁。陶斋曰：“公择其尤者，当举以相赠。”侍郎笑曰：“三日中，粤督必简人往。俟公失鹿之后，如有所赐，必拜登。”陶斋惭而止。

三年，陶斋卒以重贿得以侍郎候补督办铁路。时侍郎长兄伯行方为邮传部侍郎，用兄弟二人名公饯之。陶斋不允亦不辞，署于简端曰：“无暇。”翌日，送振贝子至英，与遇于东车站，侍郎揶揄之曰：“公平日为吾食客，不速而来者屡矣，闻余宴客而自至者亦屡矣。今以侍郎候补，固无以加于我也，胡为乎若是？”时送客者众，咸问其故，侍郎具述简端批语。陶斋笑谢曰：“是日适有伦贝子之约，然则公仍赐食否？”于时，伦亦在侧，遂合为一局而饯之。

四三　亡国灭种之利器

九州故壤，疑皆蛮族旧居，其强盛之故，始于异类之入主。舜东夷，文王西夷，钻研故籍，犹可得其侵陵兼并迹象。所谓揖让征诛者，特古史文饰之辞耳。胡羯、氐羌、鲜卑、沙陀、契丹、女真、蒙古据有中土，南面御下。至今除蒙古尚有遗族外，其余诸国皆尽其所有而俱来，未几，即与之俱尽而不复见。茫茫禹域，真亡国灭种之利器矣。推原其故，以小量加诸巨量，譬如一杯水对一车薪之火，不特水不胜火，而火犹将胜水，其势然也。清自满洲崛起，君临天下，悉主悉臣，鉴于前代之事，满人不求文学，惟重骑射。八旗兵分防各省，扼诸险要，画地而居，不与居民杂处，不与汉人联姻，备之未尝不周。然二百年间，满人悉归化于汉俗，数百万之众，佥为变相之汉人。并其文字语言，为立国之精神，虽俄于波兰、英于印度、法于安南，百计摧残而不能去者，满洲人乃自弃之。皇帝典学，尚知国语，余则自王公大臣以下，佥不知其为何物矣。清末满大臣带领引见，太后前则易，皇帝前则难，以太后不通国语也。宣统三年，伊克坦入直，主重国书，未可谓为识时务者，盖已晚矣。

四四　各族之语言文字

辽、金、元、清四代，起于北荒，有语言而无文字。彼中哲人仿梵经之法，造为字纽声母及合声之法，以成一朝文化，诚为有益无损。若本有文字而惮其难读，欲废彼取此，是犹苦衣冠之繁重而欲反于裸体、恶宫室之造作而欲复归于巢穴也。果如所言，试设身以想，则中国文字与西南蛮族奚异。王小航自日本归，造官语字母，为欺人之计，犹可说也。劳玉初尚知礼教，乃立简字学堂，诚不知是何居心矣。玉初选资政院议员，与东西洋归国学生争论“无夫奸”法律甚力。是时淫风流行，廉耻道丧，仅争末节，何济于事！孟子曰：“不能三年之丧，而缌小功之察；放饭流歠，而问无齿决，是之谓不知务。”

四五　沈子培与朱经田

沈子培方伯以提学使调署皖藩，履任之始，正值项城退归林下，视皖抚宁州朱经田中丞蔑如也。督抚年终密考，为司道黜陟之机，光、宣末造，虽稍疏忽，而大体弗改。抚藩交恶，以是方伯终不即真。未几，张文襄逝世，内援既断，益觉吾道之孤。方伯自此终年请假，不履抚署，而其他酬应如故。杨杏城侍郎出任南京博览会审查总长，路过安庆，方伯特为出城往晤，尤足以惊俗眼而启群疑。未几，卒自请解职去。二公负气，各不相下，君子之过，其是非得失，未易判也。熊成基兵变攻城，二公在围中，同心协守。及变兵败退遣散时，乞入城购物，中丞拒之。方伯曰：“儿辈敢为非耶？”中丞曰：“纵之至内，且恶作剧。”卒不许。论者谓方伯颇渐染于近代学说，临事之时，未若风尘俗吏之能断。观于辛亥长沙一役可以鉴矣。

鼎革以还，中丞复出，任为直隶都督，颇为名节之玷。然李陵曾言："身之不死，将有为也。"陵后无所表见。中丞仕民国，为直隶督军。宣统复位，敌众匿津租界，谋为不利。中丞侦知之，遣逻卒伏其屋侧，将擒而治之，且制止不使通电，绸缪牖户，不遗余力。适政府以张少轩兼直督，移中丞入京，为民政部尚书，夺其权，于是纵敌生患，事遂不可为。其后敌军露布，声中丞之罪，云"几为所制"，而中丞之心事见矣。方伯先入都，辄大言曰："今后毋谈光、宣往事为也，宜取法雍、乾，严明政体。"及败南归，慰同侪曰："何气馁之有，今科不中，下科再来。"方伯之志，始终不挠。其列科宜在言语文学之间，论事功则逊中丞甚远，不能以成败论也。

昔许涵度护川督，冯蒿庵居其属下，颇受窘辱。定兴在枢府谈川事，心为不平，曰："许涵度市井耳，梦华书生，焉能与接？"庆邸时坐室中阅文牍，若闻之，若弗闻也者，僾言曰："市井犹能治事，书生何所用之？"后之史官，如作中丞、方伯列传，老庆之言，不可以人废也。

四六　暧昧之言竟形章奏

明太祖初从郭子兴，马皇后为子兴养女，明得天下，犹奉祀弗衰，不以为辱也，亦不闻太祖以是之故在郭军中为人所轻也。黔宁王为明太祖养子，分封南服，与国同休，未为下也。贵阳陈制府即真为庆邸干女婿，朱纶即真为载振干儿，论其先世阀阅，互通亲好，未出情理之外，而况事涉渺茫乎。江侍御闻贵阳制府之将入枢廷，宁州中丞继直督，欲阻之而计无所施，急而出下策，举此二者以劾庆邸，迫胁政府不得不为之中止。犯上为作乱之萌，于此可见国势之衰弱而将亡。暧昧之言竟形章奏，于此亦可见中国之污点。而类此之事，如李伯行之为倭主甥婿，康有为之进媚药，在今日闻者当为失笑，而当日言之凿凿，虽知其谬而莫敢为之辨。孟子曰："言无实不祥，乃凶兆也。"然侍御以是左迁、告归，遂不复出，为清末侍御中第一完人，未始非福。

四七　军机大臣变更记历

军机大臣无一定之缺，以四人为常，创立于雍正七年，怡亲王、张廷玉、蒋廷锡、马尔锡本只四人。近世能记忆者，法越战役之后，礼亲王、额勒和布、张之万、许庚身、孙毓汶五人为最久。十九年，许庚身卒，徐用仪以吏部侍郎学习行走，仍为五人。日、韩事起，恭亲王、户部尚书翁同龢、礼部尚书李鸿藻、候补侍郎刚毅、礼部左侍郎钱应溥相继入直，同时九人之多，而旧人陆续皆出枢府中，例有一名位居末者钞录秘密文件，京语所云"摩棹(桌)子"者，徐、钱二公即其人也。刑部尚书廖寿恒、礼部尚书启秀，继钱后亦与斯选。太后复训政，大学士荣禄、协辨(办)王文韶、刑部尚书赵舒翘入直，仍留礼王领班。西安行在惟荣、王、赵三公随往，赵既得罪,鹿傅霖以候补尚书入,瞿鸿禨以工部尚书入,复为四人。回銮之后年余,荣禄薨,庆亲王奉命入,时仍四人。日俄事起,王文韶出,蒙古荣庆以礼部尚书入。又次年,天津徐世昌以候补内阁学士入,长白铁良以户部侍郎入,至是凡六人。迨三十二年官制改革,军机处定为实缺,庆亲王、瞿鸿禨同奉朱谕,仍为军机大臣。更以长白大学士世续及闽县林绍年由广西巡抚以侍郎用同入,至是复为四人。次年瞿、林相继出,醇亲王入,鹿傅霖复入,张之洞、袁世凯又同入。两宫上宾,醇王摄政,袁世凯出,那桐以大学士入。宣统初元,张之洞薨,戴鸿慈以法部尚书入。二年,戴、鹿相继卒,贝勒毓朗、内阁学士吴郁生入。未几,吴出,大学士徐世昌复入,仍为四人。次年,废军机处,而国旋亡。

四八　荣禄之女簠簋不饬

光绪二十七年,废大阿哥溥儁。其时,醇王已聘定故侯熙元之女,慈圣不许,特指大学士荣禄女与王为婚,册封福晋,意中已有立储之事矣。王在邸,方倚福晋以自结于上,敬而畏之。两宫龙驭上宾,王摄政,福晋势益张,颇以簠簋不饬闻于外。宣统三年夏,五贝勒载涛演剧于邸中以自寿,王生母太福晋并诸王公皆往。福晋方有娠,弗与焉,微服入市观剧,且饮于肆而返。或奔告王,王大怒,驰归责之,夫妻反目,太福晋亦不能制。次日,王怒不息,出,乘车击窗,窗折。至海子,乘船击几,几又折。是日,臣僚章奏多被严斥,辄批云:“着不准行。”京师传为笑柄,谓王犹是对福晋口吻也。

四九　盛宣怀收粤路归国有

宣统之世,武进结于泽公,运筹帷幄之中,声势煊赫。授邮传部尚书,与闻国政,平生志得意满之秋,莫逾于此。当时路政纷歧,莫可究诘,粤路收股及半而造路无多,悉资浪用。川、湘两省田租入股,等于加赋,集赀亿万,权操诸三数巨绅之手,颇有人言。武进于是主张铁路干归国有,枝任民为,尽塞以前弊窦。然未审历年祸患潜伏之深,彼人死命必争之处,川乱以成,鄂变随起,而事遂不可为矣。创议之时,项城时在彰德,闻之,矍然曰:“不意杏荪魄力之大若此,余久有此意,而未之能行也。”然则英雄成败,殆有幸有不幸耶。

五〇　瑞澂骄妄无为

湖广总督瑞澂,满人中之健者也。以苏松太道陈臬开藩,皆未赴任,而办清乡。袁海观制军督粤,入觐见项城。项城曰:“莘如胡久不履新?”制军曰:“殆不欲再坐官厅、上手版矣。”项城曰:“胡能尽如彼意?”制军曰:“彼心目中未必有政府在也。”项城颇妒。及晋抚恩寿罢,内意已定瑞澂,枢臣荐宝棻,慈圣不悦,曰:“予用一人,尔何靳焉。”项城傀言:“山西方有事,抚臣为一省首领,远调需时,谁负其责?宝鋆升任,驾轻就熟,较易为理。上意重用瑞澂,何处不可者,奚拘于一地?”因之瑞澂沉滞年余始简苏抚。时陆文节钟琦为布政使,瑞澂谓之“造粪机器”,传为笑柄。移督湖广,自司道以下,尽以其所爱易其所不爱。湘抚忤其意,密举余寿平中丞代之。是年,蜀中民变,中丞未奉其命,遽以师往援,瑞澂叹曰:“厮养之卒,使持手版迎客,则举措皆失其度,今而知司使之贤者,固未可专方面也。”骄妄类如此。及武昌乱作,瑞澂仓皇出走,登楚豫师船,匿于江中。城内军士尚未尽叛,与变兵相持一日夜,闻总督遁,乃降。大军北下,互战方酣,瑞澂登轮遁至九江,于是全国瓦解。

五一 袁世凯之复出

辛亥八月庚子朔,越十八日丁巳,武汉之乱作,翌日闻于朝。己未,政府及各部大臣入见,环求起用袁世凯,王不许。庚申,辛酉,宫门抄言官有三数封奏留中不发,意亦为是请也。壬戌,忌辰也,镇国公载泽与庆邸过于寿皇殿之院下。泽曰:“侄意,须项城一出。”庆曰:“屡言之,而王不听,奈何?”泽曰:“侄请独对。”力争之。出曰:“王许我矣,命勿告政府。殆欲出自己意,以示惠也。”未几,王果召庆入,下诏起用袁世凯。庆出,复召泽入。庆辈不知所以,坐于直庐以待。泽出,宣王之后命,曰:“使朝臣中与项城习者赍诏前往,促之速来,善为我辞焉,勿介意于旧事也。”遂令阮忠枢往彰德。及归，要约多端，王悉曲从，朝廷之情见势绌，于是毕现。

五二　袁世凯辱盛宣怀

泽公先与项城不谐，自盐政改革，长芦盐运使张馨庵都转时有献替，大得其宠，积渐疏通意见其间，已早融洽。乱作，都转往来于京、津之间，泽公因有起用项城之议，其事虽不可知，其迹已略可寻矣。武进为泽公谋主，当此之时，若似乎不闻不见，然于起用项城之事，亦大有力焉。鼎革后，武进致书孙慕韩中丞，使密陈当日之事，为示好之意。项城曰："彼与我角力有年矣，今尚有觍目作此言耶？"中丞失色而退。盖武进初意，欲乱事即平，汉冶萍不至受损，不知并宗社而亡之也。洎乎国破家亡，求保区区资财，为卷土重来之计，仍遭呵辱，是岂彼所能料及哉？

五三　张之洞之丫姑爷张彪

张文襄有旧将二人，一曰张彪，一曰吴元凯。相传，文襄有使女嫁为彪妻，称丫姑爷。闺阃之事，人莫能详，世俗狷薄，既隐善而扬恶，抑作伪以为真，不足论也。

元凯为先文庄旧部，吴武壮荐之往，练兵用湘淮纪律。彪迎上意，仿西法。故"凯字营"日削，而新军日盛。光绪末造，湖北新旧两军竞争颇烈，旧军抑制已久，有爆发之势，元凯力遏,始已。卒以时尚所趋,旧军裁撤罄尽,悉归新制。北洋拓张六师,威权甚震,湖北一镇一协,兵数虽逊而精过之。秋操之典再举,评者曰:"北军由淮军变化而成,皆百练之卒,以勇气胜。鄂军自乡校选出,具普通知识,见长官训令能自录出,以学问胜,然下级军校少年盛气,识力未足,易受蛊惑,隐患伏焉。"

辛亥,武昌祸发,叛军拥彪为主。彪曰:"杀我者,宁就戮,不然释我。"叛军以礼送彪过江,觅得黎元洪而立之。彪至汉口,集残卒,会防营,招水师上岸,帅师不足三千人,扼大智门外京汉车站而守。叛军由汉阳夺取汉口,连得三镇,器精众整,兵数一倍,勇气十倍,直前搏斗。彪耻失武昌,战颇力,相持稍久,援师不至,遂败,朝廷亦不复用。先是,蜀中有事,命端方为督办,率鄂军一混成旅入川平乱。中途闻鄂事,兵变,端方被害,余众乃返。文襄练兵廿载,至是成为戎首。

五四　挪用币制借款而未成

方事之殷也,为新内阁谋者曰:"西人心目中,凡国家之兴,皆起于乱党,成事即为国家。故乱势一成,彼视与国家相等。洪、杨之役,金陵未复之先,彼称述忠、侍二王,俨然敌国。不宁唯是,南北美之战,胜负未决之时,在彼族亦无别也。今武汉乱作,遍地伏莽,难保无蔓延之势。年少学生潜伏其中,咸习于西人俗尚,或投其所好,用新建邦之名,布告各国，令守中立，约定从前所订条约继续有效，将何求而不得。吾于起事之始，先请于列强，将庚子赔款迟期一年而加息焉。币制借款早经借定，先假五百万以应用，措词颇易，计息岁不足百万，为财政计，亦未为失也。且挟西人之资二千余万，入我此次战费之中，而彼初未之觉。俟乱党布告各国，不认八月十九以后吾国之约，则此约明明在后，功效乃大著。战而捷，必加息以偿；战而不捷，匪惟无利，即母金亦有碍焉。西人惧于我之败，能不助我乎？纵不我助，必不至为患，所以树我之党而破敌之计也。"

阁议以闻于庆邸而从之。使胡馨吾往，教之言曰："吾国赔款，仰给于关税，汉口一关，其尤著焉者也。不幸有乱，不能如期而至，请迟以期年，币制借款现在银行，尚未动用，请移缓济急，何如？"皆对曰："诺。惟吾无所据以报吾国，乞以红封来。"红封者，外部与使署通信之名也。既而，英、美复讯先至，允缓收庚款，而以币款委诸承借银行云，阁臣皆喜。谓庚款者，彼官款也。币款者，彼商款也，官款列于预算，彼犹以为可，则商款之债票届时付息，不致失信，宜无不可矣。英美皆有势，既已应诺，其他宜无不诺矣。泽公不许，曰："不可以失信于外人，且吾国之力可任也。"乃复使胡馨吾至各馆索红封。

未几，乱党照会各国领事，请守中立，事成之后，以前之约，待之如初，惟八月十九日以后之约，概不承认云。各国使臣咸谓举动依乎礼法，而外交目光为之转移于不觉焉。

五五　滦州军变

滦州事起，军谘大臣载涛中夜召李季皋侍郎至其宅，示以张绍曾电奏，曰："事急矣，子曷为我至彰德见项城，使召绍曾而杀之。"对曰："绍曾方握众为乱焉，必其奉世凯之命而即往。今日世变非常，人怀叵测，朝命之不能行于世凯，犹世凯之命不能行于绍曾也。乞以符予我，明日驰至天津，使张怀芝往，代将其众。王请于上，以诏谕绍曾，且召之入朝议事，候其至而斩之。"涛曰："滦事方有变，易将可乎？"对曰："往日一纸之书，虽据数千里之地，拥数十万之众，孰不俯首帖服？滦军之变，倡之者料不过十数人耳，首鼠者必据其半，刿其士卒，尚有强半不知者耶。见新师之至，趋迎不暇，何敢相拒？因而诛其反侧，安其余众，少时即定。怀芝宿将，足以办此。"涛曰："筱石不令怀芝行，奈何？"对曰："此其所以必有天津之行也，将告以大局，权其轻重缓急。怀芝此行，仅以安众耳；众心安，则他将至而怀芝返矣。仅此旬日之间，奚为不可？"涛曰："假而绍曾不受代，则如之何？"对曰："滦军一镇，半在永平，即如绍曾之说万众一心，亦仅五千而已。绍曾果以众叛，入犯京师，必触外人之忌。吾据庚子之约，令铁路勿载其兵，彼虽疾行，七日之内不能至。吾众能战者禁卫军万人、毅军万人，京旗第一镇亦万人，以六敌一、以逸待劳、以顺讨逆，何忧不克？"涛曰："诱绍曾而杀之，可乎？"对曰："以计诱敌，胡为不可？苟不欲刑之于市,要于丰台而杀之一也。”涛曰:“虽然,不可以专。”乃相与至东海宅,告之。东海口亦称美,而唯唯否否,气不复振,于是决意取朝旨以行。次日,遂有宣布信誓十九条之谕。闻项城在彰德,奉命为钦差大臣,犹迁延不行,于移师征饷之权,要索未已也。及见十大(九)条之谕,曰:“彼自弃之,于人乎何尤?”遂驰至军。

五六　八旗兵气数之尽

八旗劲旅,为朝廷宣力者二百余年,光绪以后,气数已尽,虽欲振作,其何能兴!发、捻之役,有塔忠武、多忠武(勇)最有名于一时,等而下之,胜克斋亦颇能战。皆旗人为将,然所将非尽旗营也。醇王抽练旗营,一日而黜三都统:乌拉喜崇阿、明魁、特而庆阿,可谓严矣,而不闻成军。荣文忠武卫五军,惟中军为旗籍。庚子之役,匪惟不战,抑且四出劫夺,西兵入城,全师皆溃。涛贝勒统禁卫军,平时养之如骄子、恃之若长城,及摄政王退归藩邸,贝勒请罢军统职。掾属皆劝其保有区区兵权,以为牵制之计,贝勒不允。问其故,不答。固问,则曰:“吾妇泣于余前,不欲与于兵事。”魏桓范曰:“汝兄弟犍獞耳。”古今一辙。

五七　吴禄贞纪事

唐才常之役,实挟士官学生吴禄贞辈以俱来。康、梁以改革政治宣于众，诳之回国，见张文襄，说使从己，不然则以兵谏，众说而从行。及至武昌，乃知捐躯以当锋镝，本已不欲，故事一泄而全遁。禄贞谓人曰："吾奔至皖和悦州，过江之大通，始得附轮而下。见侦探二人随己，有追捕之状，当时即欲投江泅水逸。在刻不容缓之际，汽笛一声，微闻二人私语曰：'殆不在斯，下舟去。'至沪，亦既上日本邮船矣，与友偕至浴堂。一人似侦探，随而同浴，先罢，故触其衣落地，内中信件纷出，唐才常函在焉。友急掇起，嗔曰：'银票何得疏忽！'此人既行，余微叹谓友曰：'险哉！'出门，车俟于门，倏见此人攀辕询来历，急驰而免。"是时，吾国何得有许多侦探？莫非禄贞惊疑所致？然可见其狼狈情状。

禄贞至日本，文襄不欲丑播之外，学费续寄不绝。未几，距毕业期近，学生监督、日本人福岛书询文襄曰："禄贞练习成材，弃之可惜。公如不用，吾将留归日本籍；如用之，不得借故杀害。"文襄许诺。福岛亲送禄贞至鄂。文襄以签押房后一室居之累月，察其无异志，乃遣至军。

洎北洋六镇成立，设练兵处，庆邸与项城领之。铁良主政，忌项城权重，欲兼用鄂中将士，以持其平。良弼荐禄贞，请以国家作保，庆邸从之。禄贞因而骤贵，官至统制，仍不改其初态。武汉变作，跃跃欲动，为人所刺死。新军中咸疑项城为之，理或然与。

五八　清廷西藏之失

打箭炉，本四川总督辖境，高宗以隶西藏。时藏为我属，驻藏大臣威势之下，犹之乎由此省而改归彼省，无所谓予夺也。本朝盛世，藏中僧侣官职，黜陟之柄操之在我。历任驻使卖官鬻爵，渐失天家体制。琦善纳贿，并其制度而悉更之。自是太阿倒持，驻藏大臣备位而已。

光绪初，松溎任满回京，见恭邸。笑问曰："藏丫头风味何如?"对曰："别有风味。"时岐子惠将军在坐，闻之，传为笑柄。于此可见，当时西域都护公然渔色，不以为讳。

先文庄督川之日，值瞻对为乱，事平，仍以归藏，不知者以为姑息。文庄曰："今欲安边御侮，在于规复旧制。何须收回区区之地，而失全藏之心？是舍藏取瞻也。"边吏颇欲以此邀功，言改土归流之利者甚众，终不听。及定兴继位，用张济策，一试而败，藏人羁縻未叛者，又数载。

赵次山、季和两制军昆仲相继督川，始行开疆拓土政策，实逼达赖喇嘛出走。遂尽取巴塘、里塘各土司之地，分设州县，立西康行省，中国于是乎失西藏。未几，川乱，季和制军殉难，藏人乘间内侵，边境因而多故矣。制军之父文颖，知阳谷县事，遭粤匪之乱，被七创死。两世忠节，人多称之。制军丧归，哀挽甚众，中有一联云："继阳谷公，慷慨捐躯，取义成仁，世犹有乱臣贼子。"意讥其兄次山制军、嵩山四友也。

五九　程雪楼交好旗人

苏抚程雪楼中丞，初以直隶州需次安徽，未甚得意，闻有署吾邑庐江县之说，已而不果。中丞故与旗籍人有旧，因之吉林，大为将军长顺所赏识，疏举其材于朝。是时，日俄战正酣，中丞与将军达桂周旋两大之间，颇负时望。长顺卒，达桂继为吉林将军，中丞洊升道员，署黑龙江将军。光绪三十三年，东三省改官制，自将军以下皆免官。中丞内有系援，外隆令誉。值新设黑龙江巡抚段芝贵因杨翠喜案罢归，得留署其缺。旋授奉天巡抚调江苏巡抚。由边省而移腹地，身名俱泰，东三省改官制之后所仅见者也。贻藹人将军，吉林人，始与中丞为挚友。京朝之事，颇恃为重，久而益得。两家子弟男妇，相好无尤。朋友义重，亲如家庭骨肉，本为八旗旧家之风。

及将军以贪墨参案败，中丞之子与贻穀之子俱随使节在俄京圣彼得堡。中丞子妇忽手刃将军之子，两人之谊遽绝。

辛亥春，中丞以未曾到省之候补道员应德闳署理江苏布政使，为言路所讦，奉严旨申斥。疑将军之党为害，内不自安，颇有去位之意。乱作，推江苏都督。项城建民国，授南京留守。未几，退隐。诸公子常往来吉林，与其他旗籍故人缟纻联欢如故，益见北人之交坚若金铁，至国变而不渝也。

六〇　冯星岩与袁世凯

冯星岩中丞，以光绪癸未成进士、入翰林，二十年始外放道府，迁安徽徽宁池太广道。不三年，洊升江西巡抚，项城之力也。武昌变作，南昌新军学识远出鄂省之下，而嚣张过之，闻乱即起，拥中丞为都督。中丞托词让贤，适中马毓宝意，得辞职归里。已登舟矣，毓宝送至江岸，拱手话别。中丞谢曰："后会有期。"毓宝误会以为江湖隐语，谓他日报复，如孟明之"三年拜赐"也。忽忆中丞与项城，儿女姻亲而兼乡谊，当日南方乌合不敌北兵节制之师，畏之如虎。惟恐中丞纵去，能为后患，复挟之反，令作书致项城，招使来降。中丞不允，则软禁之于一室，不令亲友省视。中丞知不免，自承素有嗜好，日吸鸦片数次，毓宝许之而微疑其有他，命监者给之，而但如其量止，毋得多予。居数日，中丞绐监者曰："汝日出购区区之物，不以为烦乎？吾与汝金，为我买供三日之用。"监者喜得沾润，为致如数，中丞乘间服之而死。中丞在任，江杏生侍御曾劾其溺职，亦以项城之故而波及，嗣竟以死。可谓君以此始，必以此终矣。

六一　梁燕孙献计于袁世凯

逊位之先，项城授内阁总理大臣，杨杏城侍郎授邮传部大臣。侍郎从唐少川尚书南下，与国民党议和，梁燕孙京卿派署邮传部大臣，署中相见，谈及铁路交通之便，京卿问侍郎曰："子知铁路兼水陆交通之利乎？"曰："未也。"京卿曰："项城斥逐彰德安置，欲往则畏有后祸，欲不往而不能，两难之际，余时为铁路局长，献计曰：'为公备机车、坐车、行李车各一辆，置于公寓处相近，日夜使勿断火，以待命。身在京刺探消息，苟不利于公，则立以告。是虽往而缓急可恃以出走，至任何海口而止，犹之未往也。至公之属下，自幕府以至驺从，皆取给于各路，朝夕相从，则在野与在朝何异焉？'"项城于侍郎为旧交，其于京卿之新交，则甫见于此。

六二　袁世凯父子与杨士琦昆仲

项城于杨氏昆仲皆善，及戊申放归，往津被拒，自是与杨氏不惬。制军身故，以津浦几兴大狱，幸邀宽典而夺宫衔，则张馨庵都转受命项城为之也。侍郎如在暗室，不知天日，辄为呼冤，可谓昧于事情矣。中兴以后，各省疆臣率效仿曾文正规模，不使其属下接近子弟，故后门生部曲多念旧恩，而无从生恶感。项城为督抚资浅，不知先辈典型，长嗣芸台左参，于乃翁故吏，无论文武两途，少所满意。文员中惟赵秉钧、沈云霈，武将中惟王士珍、雷震春差为许可，余子碌碌不足数也。于杨氏昆仲，尤多贬辞。项城在枢府时，左参屡谓人曰："如有语于家翁者，告雨人，勿告杏城。"鼎革后，将召侍郎入为秘书总长，左参在德，电致其父，力言不可，首云："勿须秘书译。"而电稿仍入案册，梁燕孙播而扬之。侍郎不安，坚辞不就。其后项城亦知内部不协，洪宪改元，仿前朝之制，储君之名密藏于箧，闻为第五公子云。

六三　张勋之徙东北

张少轩军门，少从许仙屏中丞为末弁，性放旷，不受羁勒。好博，屡丧赀而蚀公款。中丞将惩处之，夫人称其能，纵之去。至广西，投苏军，走奉天，隶毅军，殊碌碌无所短长。既而，随项城练兵小站，充管带。项城开府直隶，所部益张，军门得统带巡防营，驻直豫交界。銮舆东返，扈从至京，留充宿卫，授建昌镇总兵，擢云南提督，移甘肃，皆不履任。一时恩眷无与伦比。始而宫门内外，既而圣驾左右，莫非张部。会项城入都觐见，蒙恩赏戏，见张部兵甲鲜明，盈阶上下，骇然曰："如其有变，将若之何？"与枢府谋，徙之外镇。值日俄战后，东省遍地皆匪，乃调充奉天行营翼长，节制三省防军。虽尊荣备至，不免有名无实矣。

六四　制军军门分庭抗礼

东三省为胡匪出入之区，军门至任，迄无以遏横行之势，京朝官多疑其通匪，然事无确证，莫以谳其罪也。历任将军、总督，咸优容之。暨锡青弼制军开府辽东，素耳其名，欲视其人，以察其臧否。值军门在京，诇知来意不善，日游于外以避之，使不获晤。制军不得已，一日凌晨，突往见之。

出谓人曰："吾入少轩庭，陈设古玩皆装潢置箧中，如入古肆。叹曰：'美哉室也。'少轩曰：'两宫所赉也。'吾曰：'然则赐第也与哉？'少轩曰：'臣受钦赏，年来积至数百，且盈千件。上知臣贫，辄予白银，曾一次多至万五千，合计数几六万，尽兹屋中所有，不过如是而已。非皇恩之厚，安得享此以终耶？'余闻斯言，遂无奈何也。"及履任，总督、提督，按诸大清典籍，品级相等。军门于前任东海制军，甘居属下，至是则分庭抗礼。问之，则曰："菊帅，吾旧长官也，而何比？"于是卒不相下，虽名挂弹章，终不为屈。

六五　张勋任江南提督

军门姓(性)好挥霍，平时黄金散尽，曾不少惜。及至窘时，颇受经济束缚之苦。宿卫数载，每至年终，辄向项城求乞。一岁，项城拒不见，既而，以银帖二千予杨杏城侍郎，曰："子归，少轩必俟乎尔，幸举此畀之，勿溷乃公为也。"项城恶军门，然畏其声气通于宫禁，故宽假之，已而果然。小德张未得意时，军门知其有宠于皇后，辄先纳交甚笃，且与联宗。张母有私蓄，军门常贷以济急，通家之好不啻焉。隆裕尊为皇太后，小德张为总管，声势煊赫，军门因缘而为显要。洵、涛初起，犹介以自结于太后，下此者勿论已。军门既侪(跻)于朝贵之列，求遂所欲。值姜翰卿统制有痟首疾，偶行数武，常晕眩不已，必席地坐片刻乃复。每入内庭，途中辄三四息，大有衰态。军门乘机欲夺毅军而代之将，枢臣、陆部无可无不可。既有成议，统制知之，往见庆邸求退，遣散其众，曰：“此军自宋、马以来至于今，事三主矣。其父兄断脰决腹于疆场之上，今之存者，皆锋镝之余也。忍激之为变而尽芟夷之乎？”且泣。时当道诸公相忍为国，惧不敢发。军门曾在毅军，军中亦有为之助者，怂恿其前进，毋为气馁。以此相持不决者累月。适程从周军门逝世，乃以程平斋继任长江水师提督，使军门统江防军，驻浦口。军门虽不悦于出京，然赋闲已久，骤得此事，欣然就任而去。异日革命军起，朝旨北洋陆军尽隶项城麾下，时北军之能为异同者惟毅军。项城入觐，及返私舍，宾客盈门，皆辞焉，只见姜统制一人而与之谋。假使斯时毅军统领为少轩军门，则前敌诸将领虽合词吁请共和，犹有后路可退，有清皇室不至处于绝路也。武昌之乱作，蔓延至江南，所在新军响应，防之更甚于寇。倚以备缓急者，惟江防军是赖。军门简江南提督，帅师驻宁，更遣二营至皖，以壮气势。卒只五千，又分一千以去，兵力单弱之甚。江南第九镇变，江防军击走之。未几，苏、浙、沪、镇、淮、浦敌众大至，军门坚守不出。上海教会遣使说之罢兵，军门曰：“我江南提军，非尽复吾土不止。”初，江防军全部南渡，军门誓死矢忠报国。部将张文生谏曰：“无益也。苟死而仍无济，曷若姑留吾身，以有待焉。愿守浦口为归路。”军门许之。事亟，文生具舟济师北遁，全军而返。自是军门于文生言听计从，与白宝山并倚如左右手。

六六　张勋之终身

癸丑南北争战，军门奉项城命，与冯国璋分途南下，夹攻金陵。国璋由津浦铁路，军门由运河，势如破竹，先入城，欲得其地。项城不予，以国璋为南京都督，改江防军曰“定武军”，移驻徐州。初，毅军制度，名位高下与兵权多寡各不相涉，惟视乎帅意而已，喜而与之，兵数立增，恶而夺之，兵数立减。马忠武曰：“吾尝拂宋忠勤意，不数日间，以吾部悉分隶他将，所余百人耳。”毅军成于豫中防捻之日，当时染霆军之习，容纳游勇，有额则补为正军，平时仅给食而已。临战趋以应敌，胜则锐师继之，不胜则整师以乘敌懈，霆军常资以集事。军门在徐，沿袭旧法，整军经武，众至五万，虎踞津浦中心，为海内重望，各省使者麇集麾下，事无巨细，咸就取决，名为徐州会议。项城去位，黄陂继之，北洋诸将帅不满于其所为，咸有别图。于是，思旧之人，心为之一动，群趋于军门，为恢复计。适黄陂免倪嗣冲职，以军门兼代，众怒愈张而于我益利。军门乘机善导，倡言复辟。各省之使者咸电询于其府主，欣然从命，成立密约。会黄陂招军门至都，调停各省纷局。文生、宝山惧于禄位之危，悉持勿去。幕中文士眷怀故主，视事过轻，几如反手之易。军门未有设备，携卫军千人，乘津浦车北上及津，淮南盐运使刘某，军门之心腹而所识拔以至今职者也，力阻挠之，且为之谋曰：“不如任择一人为阁老，姑留今政府为吾用。”从之。既而授官施令,悉乖所欲,军门毅然奋起,扶幼帝复位。以军机大臣兼直隶总督,宰相而领节度使,周、召方伯之任也。军门平时誓词,复江南提督原任,言行殊不相符,各省使者签名于密约者,无不食言而肥。兵事乃作,军门以卫军一营支持数日而败。军门遁入荷兰使馆,乘隙至津,于是乎终身焉。

六七　张勋遗产无多

民国初年,军门统军之众,各省无出其右。身没之后,遗产无多,虽因经商不善之故,多所亏蚀,然为数较少,比之同时之领军者,或相倍蓰,或相什百,或相千万,真不可相提并论矣。忠于故主,视富贵如敝屣,至死不渝初志。后之作者,亦将有感于斯人。

六八　扬妓小毛子

军门初至金陵,游秦淮河,眷扬妓小毛子,纳之为妾。距革命未久,小毛子以目盲失宠,遣去。扬州妓女多住乡间,乱中投奔亲族,道出淮上,扼于兵,从者呼曰:“张军门之夫人也。”时军门守金陵不下,适为众矢之的。淮上军得此奇货,欲挟以为质,迫军门献城出降。上海报馆,更造出一种谣言,谓军门本无斗志,以失小毛子老羞成怒,忿而出于一战。无识之徒轰然和之,众口一辞,遂有以吴三桂之圆圆为比例,言清得天下、失天下,恰有一被掠妇人为之渲染生色。嗣知为弃妾,谣风乃息。

六九　康有为暮年

复辟之役,康有为简弼德院长。当时创举,用人不拘资格,于有为旧职未之计及也。有为奉诏谢恩,以一品服色往,见者知其未脱草野之气,莫不匿笑。当道不得已,赐以头品秩。有为奔走经年,他无所得,仅顶带荣身而已。时敌军露布曰:“将帅则乌云瘴气、几榻烟霞,谋臣则巧语花言、一群鹦鹉。”出于梁启超手,不为有为稍留余地,无论知与不知皆哂焉。有为仕清,终未改节。暮年耽于古刻,游陕西至某大庙,买得宋刊经典以归。运经汴洛道中,为土人所觉,诋为攘夺而追取之,其中什一已携至沪。有为故后,有好事者影印陕中宋藏,其所缺者,犹假诸有为之家,始成完璧云。